2020年東京オリンピックを問う

—自治の終焉、統治の歪み—

中 村 祐 司 著

成 文 堂

はしがき

　政府（東京オリンピック競技大会・東京パラリンピック競技大会推進本部の内閣官房オリパラ事務局）は、2020年1月24日に公表された「会計検査院報告（第2弾）の指摘を踏まえた調査結果について」の中で、前年12月4日の会計検査院報告で指摘された国の支出額計1兆600億円について、「大会関連事業」に該当するのは2669億円で、会計検査院から受けた指摘のうちの25％程度との見解を示した。会計検査院が指摘した額との大幅な違いを考えると、2018年10月の会計検査院報告（第1弾）の際と同様、驚くべき政府の応答である。

　2020年東京オリンピック・パラリンピック大会（東京五輪）が近づく中、大会組織委員会、東京都、政府はもとより、各種メディアやスポンサー企業などが機運盛り上げの醸成に躍起となっている。このようなメガ・スポーツイベントがもたらすところの、価値観の多様性を受け入れる機会の提供や交流、「アスリート」が子どもたちに与える夢や希望といったポジティブな側面を否定しているわけではない。しかし、スポーツが生み出す特有の感動が社会に広がり、選手強化の成果としてのメダルの獲得によって大会成功が喧伝されたとしても、東京五輪に関わる問題が蓋をされたままでは、後世になって表層レベルのまやかし、偽りの大会として位置づけられてしまう恐れがある。

　本書は、東京五輪に関わる二つの問題、すなわちスポーツ競技団体の自治の終焉現象と、大会の運営や経費の説明から透けて見えるガバナンス（組織統治）の歪みに焦点を当て、東京五輪を問い直す内容となっている。

　前者については、スポーツ競技団体の不祥事は東京五輪開催の有無にかかわりなく生じたもので、両者の関係性は薄いのではという見方もできよう。しかし、東京五輪の開催準備のプロセスというタイミングで生じた不祥事だからこそ、その対応のあり方が政府介入という特異な展開をもたらしたと見

て取れる。

　また、後者については、これだけのメガ・スポーツイベントなのだから、関係組織や関係者の数も膨大かつ多様で、競技施設の建設も含め、大会にかかる経費の点でも整合性や透明性を維持するのは難しく、どうしても不可抗力の面があるのでやむを得ないという受け止め方もあろう。東京五輪開催にあたって、直近では新型コロナウイルスの感染拡大といった脅威への対策も新たに加わった。しかし、山積する諸課題に対峙しつつ、ルールの遵守、スポーツマンシップの発揮、相手や他者への公正さや尊重（リスペクト）などが何よりも重視されるのがスポーツのはずである。また、元来、正論を貫くのがスポーツであろうし、それがスポーツを支えている根幹であろう。日本において、今年生まれた赤ちゃんの半数以上が22世紀を経験するといわれている。スポーツ世界において、次代を担う子どもたちに説明できない問題があっていいのだろうか。

　本書における各章の概要は以下のとおりである。

　第1章「スポーツ団体ガバナンスの破綻」では、2018年に不祥事が続いたスポーツ中央競技団体（スポーツ団体）に焦点を当て、ガバナンスにおいて機能不全に陥った原因や背景は何かを、とくに組織の構造（閉じられた組織空間など）、意思決定、制度、説明・対応力、管理・監督能力、さらには解決力といった側面から探った。ボクシング競技と体操競技の不祥事に焦点を当てつつ、スポーツ競技団体（NF）が抱えるガバナンス課題の特質を明らかにした。

　第2章「スポーツ団体自治の終焉」では、競技団体をめぐるガバナンスの具体化に向けた動きに注目し、スポーツ庁など国とスポーツ統括・競技団体とがどのように相互に絡みながら、「スポーツ団体ガバナンスコード」の策定に至ったのかを浮き彫りにした。また、JOC会長退任問題をめぐる外在的な影響力やその背景について、国内外における関係者間の「防御ネットワーク」が作動したとの問題意識にもとづき考察した。スポーツ団体ガバナンスコードの策定に、スポーツ統括団体や競技団体が積極的に関わった形跡

が見られなかったなど、スポーツ団体の自治が終焉に向かっている現象に注目した。

　第3章「大会経費という迷宮」では、2018年10月からの3カ月間に焦点を当て、会計検査院報告とそれに対する政府の応答など、大会経費自体の把握をめぐる揺らぎが顕著に見られた動態を把握した。2013年9月の開催決定以降、政府は東京五輪の大会経費について、狭い枠に限定した直接経費を前面に出して、関連経費の説明をなおざりにし続けてきた事実を見出した。

　第4章「競技施設の後利用問題」では、ほとんどの年間収支見込みが赤字と試算されている点に注目し、打開策がなかなか見出せない現状とその理由について把握・整理した。また、新規施設周辺の開発状況にも言及し、考えられる諸課題の特徴をまとめた。さらに施設の収支見込みといった市場性重視の後利用をめぐる価値評価に加え、社会性重視の価値評価を取り入れることを提案した。

　第5章「東京五輪をめぐる統治の歪み」では、IOC、国、大会組織委員会（組織委）、東京都（都）との間のトップダウン型の相互連結性を把握するために、二つの先行研究を紹介した上で、札幌へのマラソン会場変更の背景とプロセスを記載した。そして、東京五輪における国負担の経費をめぐり、とくに会計検査院による指摘内容と国（政府。具体的には内閣官房オリパラ大会推進本部）の説明内容との乖離を明らかにし、マラソン会場変更と大会経費説明における共通の特性について考察した。

　実は、2018年7月に前著の原稿を書き上げた、まさにそのタイミングで日本ボクシング連盟の不祥事問題などが噴出した。当時は東京五輪研究に一区切りを付けようと考えていただけに、あたかもマラソン完走直後に違うコースを走れと言われたような疲労感と葛藤に直面した。当時は、こうした問題を研究の対象とする気力が湧かないまま、重い足を引きずるように研究に入っていったのである。それでも怒りのような感情がエネルギーとなったのか、今日に至るまで研究を何とか継続できたことが、本書の刊行につながったと思う。

　なお、本書各章に記載している組織の名称や所属・肩書きについては、いずれも各々の執筆時点のものである。

　刊行にあたって、成文堂編集部の篠﨑雄彦氏は、『スポーツと震災復興』『政策を見抜く10のポイント』『危機と地方自治』『2020年東京オリンピックの研究』に続き、今回も多大な励ましをいただき、大変な労を取ってくださった。ここに重ねて感謝の意を表したい。

　2020年2月

中 村 祐 司

初出一覧

第 1 章　原題「スポーツ団体ガバナンスの機能不全」（『地域デザイン科学』第 5 号、2019年）

第 2 章　原題「スポーツ統括・競技団体の自治の終焉—ガバナンスコードの策定過程に注目して—」（『地域デザイン科学』第 6 号、2019年）

第 3 章　原題「2020年東京五輪大会経費をめぐる政府の説明責任」（『地域デザイン科学』第 7 号、2020年）

第 4 章　原題「2020年東京五輪の新規競技施設の後利用をめぐる課題—市場性と社会性—」（『地域デザイン科学』第 7 号、2020年）

第 5 章　原題「2020年東京五輪統治の実相—マラソン会場変更と大会経費に注目して—」（『多文化公共圏センター年報』第12号、2020年）

目　　次

第1章　スポーツ団体ガバナンスの破綻

1　騒動・不祥事の連鎖

　日本のスポーツ界において、2018年は不祥事の連鎖が顕著な年となった。それらを列挙すれば以下のようになる（カッコ内は処分内容）。1月にはカヌー・スプリントの男子選手がライバル選手の飲料に禁止薬物を混入させた（除名処分に）。2月には平昌五輪でスピードスケート・ショートトラックの選手がドーピング陽性反応を示した（五輪など出場停止）。3月には日本レスリング協会の強化本部長が五輪選手へのパワハラで告発されたことが明らかとなった（解任）。また、日本代表の競泳男子選手がドーピング検査で陽性反応となった（暫定資格停止処分）。4月にはバドミントンの強豪実業団の監督が賞金の私的流用で告発された。5月には日本大学アメリカンフットボール部の選手の悪質タックルで関西学院大の選手が負傷した（監督とコーチはタックルを指示したとして7月に懲戒解雇）。同月、自転車男子選手がドーピングで陽性反応となった（8月に4年間の資格停止処分が決定）。7月には日本ボクシング連盟による日本スポーツ振興センター（JSC：文部科学省所管の独立行政法人）の助成金の不適切使用や公式試合での不正な判定などをめぐる告発があり、会長の暴力団関係者との交際も発覚した（辞任）。8月には居合道の昇段審査をめぐり金銭授受が判明した。同月、体操女子選手へのコーチの暴力と日本協会役員によるパワハラ疑惑が生じた。同月、ジャカルタ・アジア大会期間中にバスケットボール男子代表4選手による買春が発覚した（代表認定の取り消しと1年間の公式試合の出場剥奪処分）。9月には日本ウエイトリフティング協会会長による女子選手へのパワハラ疑惑が明らかとなった[1]。

　本稿の目的は、スポーツ中央競技団体（スポーツ団体）がガバナンス（組織統治）において機能不全に陥った原因や背景は何かを、とくに組織の構造（閉じられた組織空間など）、意思決定、制度、説明・対応力、管理・監督能力、さらには解決力といった側面から探り、弥縫策ではなく、今後の適正な組織運営につながる処方箋を提示することである。

　具体的には社会的な関心が高くメディアによる露出がとくに多かったボクシング競技と体操競技の不祥事問題に焦点を当てながら、スポーツ競技団体（NF）が抱えるガバナンス問題の特質を浮き彫りにする。この間の新聞報道による指摘を時系列に抽出・整理し、課題の所在を明らかにする。関連文献における組織とガバナンスの理論を紹介した上で、スポーツ団体ガバナンスの機能不全の是正に向けてどのような処方箋を提示できるのか考察する。

2　組織私物化とガバナンスの不能

　助成金流用、不正判定疑惑、パワーハラスメントの常態化、権限の集中などが都道府県連盟幹部や元選手などによる告発によって明らかになった日本ボクシング連盟（以下、ボクシング連盟）をめぐる問題では、「旧態依然とした上意下達の体質」が指摘された[2]。

　助成金について、JOC の強化指定選手またはそれに準じる選手などを対象に「アスリート助成」が適用され、日本スポーツ振興センター（JSC）によると、2017年度は JOC 加盟団体の約380人と日本パラリンピック委員会（JPC）加盟団体の78人に、計約 7 億5600万円が助成された。各スポーツ競技

1　2018年 8 月21日付朝日新聞「競技団体へ国介入も」、同読売新聞「バスケ不祥事『まさか』」、同 8 月30日付毎日新聞「競技団体へ募る不信感」、同10月15日付朝日新聞「スポーツ界　未熟な組織統治」より。なお本稿で参照した新聞報道はすべて朝刊である。
2　2018年 8 月 2 日付下野新聞「強権会長『我慢の限界』」）。問題視されたのは、①選手助成金の不正流用の教唆および隠蔽、②試合用グローブなどの不透明な独占販売、③公式試合での組織的な審判不正、④全国大会開催地に対する山根会長（当時）への過大な配慮要求、⑤基金などの不透明な運営、⑥国体で隔年実施競技に格下げされたこと、に対する責任であった（同）。

団体がJOCと協議して推薦選手を決め、年間の活動計画をJSCが確認して助成するか決めることとなっており、問題となったのはボクシング連盟の対象選手への助成金240万円が別の2名の選手に連盟の指示で80万円ずつ分配されたというものであった[3]。

　日本オリンピック委員会（JOC）と日本スポーツ協会は2018年8月2日、ボクシング連盟に対し、第三者委員会を設置して調査を要請する方針を固めた[4]。

　文部科学省、スポーツ庁、JOCは、会長の「専横ぶり」を放置してきた責任があり、「異様なまでの権力の集中、意見のできない取り巻きの存在、行き過ぎた上位下達など」が日本のスポーツ界の常態であるとすれば、社会の支持は得られず五輪は成功しないと批判された[5]。

　また、「強化資金やスポンサーがスポーツに集まる五輪バブル」の存在、バブルで流れ込んだ資金絡みによるトラブルの表出化、役員交代で終わるのではなく組織全体で自浄作用を働かせる必要性、さらには、多くの団体が内閣府から規制を受ける公益財団法人であるのに対しボクシング連盟は財務面などの規制が緩い一般社団法人であることの問題、「治外法権のような状況」を変えるための各団体への予算配分を担うJOCによる指導の必要性、などが挙げられた[6]。

3　2018年7月28日付毎日新聞「ボクシング助成金流用」、2018年8月2日付朝日新聞「ボクシング連盟　疑惑噴出」。ボクシング連盟会長は連盟の副会長などを経て、2011年2月に会長に就任し、12年10月にはアマチュアの競技団体としては異例の「終身会長」となっていた（同）。

4　2018年8月3日付下野新聞「不正判定『絶対ない』山根会長、テレビで反論」。

5　2018年8月3日付日本経済新聞「徹底調査で悪弊断ち切れ」。ただ、会長については、2011年の会長就任前後はアマチュアボクシング界を改革して支持を集めたこと、また、プロ出身で学閥と無縁でプロとの交流を復活し、「日大判定」を一掃したこと、国際アマチュアボクシング協会（現国際ボクシング協会＝AIBA）常務理事を94年から8年間務め豊富な海外人脈を活かして日本選手の海外遠征や他国との合同練習を多く行ったこと、その結果11年から日本勢は国際大会で躍進した、などといった功績の指摘もあった（来住哲司「誤った政治力　決別を」（2018年9月13日付毎日新聞））。

6　2018年8月3日付産経新聞「ボクシングに『会長判定』」。国外に目を向けると国際ボクシング協会（AIBA）の問題がある。2016年のリオデジャネイロ五輪で不可解なジャッジが相次ぎ、その裏にある買収などが疑われ、18年2月にはIOCがAIBAに改善が見られない場合は東京五

　「外部の監視の目が必要」「教育やメディア、市民団体など様々な視点から
スポーツ界でガバナンスが働いているかどうか、チェックしていく必要」
「暴力団排除条例や助成金交付要綱の順守」「団体のガバナンスを第三者が評
価し、一定の基準を満たした団体にのみ統括団体としての認証を与えると
いった制度の必要」が指摘された[7]。

　「強大な権力が集中するトップに、黙って従うしかない前近代的体質」[8]
「競技団体を統括するスポーツ庁やJOCがまるでチェック機能を果たしてい
ない」[9]「スポーツ界全体が自浄能力を欠いている」「（JOCは）『統括団体』を
名乗りつつ、加盟団体の不祥事には距離を置き、五輪の実利だけを得ようと
する」[10]「古い日本の企業体質とよく似ている。会社のトップである社長が
絶対的な権力を持ち、幹部や役員は社長の取り巻きでしかない」[11]といった
批判も展開された。

　2018年9月8日、ボクシング連盟は臨時総会と理事会で理事を一新した。
前体制で認められなかったプロ経験者のアマチュア選手登録解禁への動きを
進め、ガバナンス強化のため、一般社団法人からより透明性の高い公益法人
への移行、さらに2023年から隔年開催に格下げされることが決まった国体で

輪の実施競技から除外する可能性にまで言及した（2018年8月9日付朝日新聞「ボクシング界　遠い信頼回復」）。
7　2018年8月9日付朝日新聞「ボクシング界　遠い信頼回復」。JOCの加盟団体の規定によれば処分は、①勧告、②補助金及び交付金の支給停止または減額、③資格停止、④除名、の4段階がある。五輪出場にはJOCに加盟または承認された競技団体の推薦が必要であり、資格停止や除名の処分を受けて解除されない場合は、選手が東京五輪に出場できない恐れもあるという（2018年8月9日付毎日新聞「山根色一掃　どこまで」）。「外部の監視の目」に関連して、リーグ統一問題において2015年に国際バスケットボール連盟（FIBA）から無期限資格停止処分を受けた日本バスケットボール協会は新会長ら新理事6人全員を外部から登用し、組織改革を行った。不祥事が続いた全日本柔道連盟（全柔連）は13年に外部から会長と専務理事を招き、組織を立て直した例がある（2018年8月9日付東京新聞「ボクシング連盟　どう再起」）。
8　2018年8月9日付毎日新聞「会長辞任で幕は引けない」。
9　2018年8月9日付産経新聞「閉じた組織　強権7年」。
10　2018年8月10日付産経新聞「JOCの責任が問われる」（カッコ内中村）。なお、JOC加盟団体の多くは公益法人格を持っているが、7団体は一般社団法人である（同）。
11　木村悠「山根前会長の横暴を許した『ムラ社会』」（2018年8月17日付産経新聞）。

の毎年開催を目指すとした[12]。

　同年9月28日、日本ボクシング連盟の不正疑惑を調査した第三者委員会は、調査報告書を同連盟に提出し、今後に向けた提言を行った。すなわち、①役員など関係者の意識改革、②地方連盟との連携強化、③外部役員の登用、④ガバナンスの強化、⑤反社会的勢力との関係遮断、⑥公平性の確保と強化、⑦定款・規約などの順守、⑧財政の透明性確保、⑨財務基盤充実への努力、⑩連盟事務局体制の確立、⑪選手育成体制の確立、⑫競技人口拡大への努力、の12項目にわたる提言を行った[13]。

3　暴力・パワハラ問題とガバナンスの崩壊

　2018年8月21日、日本体操協会（体操協会）が2013年9月から18年5月までの11件の暴力行為を理由に男子コーチを8月15日付で無期限登録抹消の処分にしたことに関して、被害者とされた2016年リオデジャネイロ五輪代表の女子選手が、処分に疑義を唱える文書を報道機関に出した[14]。それによれば、練習中にコーチから暴力を伴う指導を受けたことを認めた上で、コーチへの無期限登録抹消の処分について「私は訴えていないし、処分の重さは納得できない」と軽減を求めた。日本体操協会の幹部（副会長と女子強化本部長）からパワハラを受けていたとも主張し、協会の対応に強い不信感を示した[15]。

12　2018年9月9日付東京新聞「ボクシング連盟　新会長に内田氏」。
13　2018年9月29日付読売新聞「審判の独立　要求」。報告におけるポイント（カッコ内は項目）は、①会長から助成金分配の指示があり、不適切な隠蔽行為があった（JSCの助成金不正流用について）、②売買収益の一部は会長が個人的に収受した可能性がある（試合用グローブなどの不透明な独占販売について）、③会長らの言動が心理的な圧力になり、自主性が阻害された審判が一部に存在した（公式戦での審判不正について）、④会長、日本連盟自体が主催者に対し、過大な接待を明示的に求めたことまでは認められないが、会長は厚遇をよしとして受け入れ、また、会長が宿泊ホテルで賭けマージャンを行った事実があった（全国大会開催地での過大な配慮について）、の4項目であった（2018年9月29日付東京新聞『「奈良判定」一部に存在』）。
14　2018年8月18日付朝日新聞「被害選手、処分に疑義」。
15　2018年8月30日付下野新聞「宮川選手『納得できない』」。

　その背景には、「所属チームの枠を超えた指導者同士のコミュニケーション不足」[16]や、女子選手とコーチとの間で暴力による指導も含め全てを正当化する「共存関係」がある[17]、との指摘があった。また、強化責任者や体操協会幹部が名門クラブの指導者を兼任する構造的な問題を指摘する声も挙がった。2013年の柔道女子選手による暴力問題の告発以降、選手は声を上げれば社会が認めてくれるという認識を持ったことで、「服従の構造」が変わった（選手の意識と指導者の認識とのズレ）という指摘もあった[18]。さらに、体操協会が設置する第三者委員会ではなく、上部組織の JOC が真相究明に乗り出すのが筋だとの意見もあった[19]。

　2018年 8 月30日、体操協会は緊急対策会議を開き、第三者委員会を立ち上げて調査することを決めた[20]。同年 8 月31日、無期限登録抹消を受けたコーチは東京地裁に指導者としての地位保全を求める仮処分の申し立てを取り下げ、処分を全面的に受け入れると発表した[21]。

　同年 9 月10日、体操協会は東京都内で臨時理事会を開き、副会長と女子強化本部長の職務を、パワハラ問題を調査する第三者委員会から報告書が提出され、協会理事会が対応策を決めるまで一時的に停止することを決めた[22]。

16　2018年 8 月30日付読売新聞「指導体制の健全化　急務」。記事では、女子体操選手がピークを迎える年齢が早いため、幼児期や小学校低学年からの特定のクラブへの所属と特定の指導者への師事を通じて、コーチと選手間に親子やきょうだいのような関係が生まれやすく、成功体験をフィルターにして「暴力指導」を「愛のムチ」と受け取ってしまいがちだと指摘された。また、1992年バルセロナ五輪の団体出場権を逃した直後の91年の全日本選手権で多くの女子チームが当時の協会の強化体制と採点を不服として出場をボイコットする事件があったこと、そして、これを契機に日本女子は低迷期に入り、96年アトランタ五輪は12位、2000年シドニー、04年アテネ五輪は団体出場を果たせなかったことに言及した（同）。

17　2018年 9 月 1 日付朝日新聞「『暴力根絶』踏みにじった」。

18　2018年 9 月 1 日付毎日新聞「体操パワハラ　主張対立」。

19　2018年 9 月12日付産経新聞「『パワハラ』告発」。

20　2018年 8 月31日付朝日新聞「『パワハラ』第三者委調査へ」。

21　2018年 9 月 1 日付下野新聞「塚原夫妻　文書で反論」。

22　2018年 9 月11日付読売新聞「塚原夫妻の職務停止」。第三者委の調査報告は早くても10月25日の世界選手権（ドーハ。団体総合の上位 3 カ国・地域に2020年東京五輪の団体出場権が与えられる）後となるため、暫定の強化体制で準備を進める異常事態となった（2018年 9 月11日付読売新聞「体操　強化トップ不在に」）。

4　不祥事続出をめぐる批判と動き

　本節ではボクシング連盟と体操協会に限らず、他のスポーツ団体も含めた一連の不祥事についての批判を、新聞報道から抽出する。

　公益通報制度を設けているのに選手の利用は認めない不可解な運用（レスリング協会）や、選手の意識や感覚は変わっているのに現場の声を吸い上げることができない組織構造（ボクシング連盟、日大アメリカンフットボール部、レスリング協会)[23]を批判する声が挙がった。

　日本のスポーツ団体の半数は専任職員が5人以下で、年間収入が1億円未満であり、企業で言えば小規模事業所に分類される。資金がないため、仲間や選手出身のボランティア頼みに陥り、慢性的な人材と資金の不足で、非効率的な組織が温存されると批判された[24]。スポーツ界のコンプライアンス強化を政策目標の一つに掲げるスポーツ庁の責任も大きい[25]との指摘や、続発する不祥事はこれまで顕在化しなかっただけで、スポーツ界に変わらずあったもので、東京五輪の前にアスリートファーストの潮流に乗ってひずみが生じ、「ウミがわっと出てきた」という指摘があった[26]。

　スポーツ団体が「愛好家集団」から抜け出せなければ、2020年大会後も不祥事が続く可能性が高い。スポーツ団体は主な財源を「上」からの助成金と「下」からの会費に依存していて、組織運営のプロがいないので独自の財源を生み出す発想に乏しい。外部から組織運営や経営のプロを入れる、一般法

23　2018年8月2日付朝日新聞「前近代的体質と決別を」。
24　高峰修「東京五輪の負の遺産いまも」（2018年8月3日付朝日新聞）。これまで内閣府から勧告を受けた公益法人のスポーツ団体は、2013年の全日本柔道連盟（指導者による暴力）、日本アイスホッケー連盟（役員選任をめぐる内紛）、全日本テコンドー協会（定款に基づかない処分）、2014年の日本プロゴルフ協会（幹部の暴力団との交際）、全日本テコンドー協会（不適切経理）、2016年の日本ポニーベースボール協会（総会の不開催）、日本近代五種協会（債務超過）がある（同）。
25　2018年8月11日付朝日新聞「危機感もって再生探れ」。
26　2018年8月28日付読売新聞「スポーツ界の統治能力」。

人を公益法人にして透明性を高める、といった手を打つ必要があるという見解も示された[27]。

　本来は組織の長には「組織のプロ」が就かなければいけないのに、競技の協会や連盟の長に「競技のトップ」が就いているので、出身大学の派閥や所属会社のしがらみがあったり、先輩後輩の力関係が働いたりすることが多い。また、スポーツ団体は全国の登録者から登録料を取り、公的な資金も受け取っており、チェック機能の発揮により利権の温床にならないようにしないといけないという意見も出された[28]。

　スポーツ団体では「上」の意向がメンバーや代表の選考に直結するので、排他的なムラ社会になりやすい。選手は指導者に従い、指導者は競技団体に従う中で、独裁体制がつくられてしまう。本来であれば、選手が訴える理不尽は世間の後押しの前に、スポーツ界が自浄できなければならないが、JOCやスポーツ団体における暴力・ハラスメントの内部通報制度や相談窓口は使われにくい。そうなると、外側から監視する機能が必要になる。しかし、「その構築を含めた健全性確保への道筋は、国ではなく、スポーツ界が主体となってつくらなければならない」という見解があった[29]。

　ただ、スポーツ界に「情けない面は多々ある」と認めながらも、「権力者の力の乱用と、それに周りが振り回される図はスポーツ特有の風景ではない」として、服従や従順より、自立や自由を求めて、問題を正そうと異を唱えるスポーツ関係者はいるし、「困難に向かわせる力がスポーツにはある」とする声もあった[30]。

　日本レスリング協会の場合、再発防止策や組織改善に関する報告書を、内閣府公益認定等委員会に提出した。改革案の実効性が問われるのはこれからであるものの、ナショナルチームの指導者選考委員会や、協会理事に外部有

27　山本博「組織運営の『プロ』確保を」(2018年9月20日付朝日新聞)。
28　増田明美「『主役は選手』の精神こそ遺産」。
29　中小路徹「スポーツ界、脱ムラ社会を」(2018年9月15日付朝日新聞)。
30　武智幸徳「困難に立ち向かう力」(2018年9月7日付日本経済新聞)。

識者を起用し、監視体制を整えた[31]。

スポーツ団体の「自浄作用の働かない最大の要因は、競技団体の統括的な立場にあるJOCが、その機能を全く果たせていないことにある」とし、「スポーツの価値を傷つける競技団体に対し、JOCは国の関与を必要としない指導力」を示すべきだという見方があった[32]。

2018年7月にスポーツ議員連盟が、不祥事に対する関与を含め、スポーツ庁の権限を高める趣旨の提言書を出し、8月19日にはスポーツ庁長官が、スポーツ団体への国の介入の仕方を再考するよう指示した[33]。

スポーツ庁はスポーツ団体のガバナンス向上や選手教育に向けた取り組みの強化に乗り出した。競技団体のガバナンス対応や、大学スポーツに関する施策、競技力向上策など庁内で所管が異なる課の課長級職員を横断的に集めて作業チームを組織することとなった[34]。2019年度からのスタートを目指す新たな仕組みは、日本スポーツ協会、JSC、日本パラリンピック委員会などで構成され、情報を共有して統一的な対応策を講じるというものであった。各競技団体の事案に対しても連携して解決を支援し、相談窓口を選手らに広く周知するキャンペーンも一体的に行うとされた[35]。

その他にもスポーツ仲裁活動推進事業において急増する紛争に対応できる人材の育成を行うとし、JOCや日本スポーツ協会など関係団体との情報共有を図るコンソーシアム（共同事業体）の設置や、JSCが試験的に実施しているスポーツ団体へのモニタリング調査を本格化させ、潜在的なリスクの把握に努めるとした[36]。

31　2018年9月19日付読売新聞「代表選考の基準公表へ」。報告書の8項目は、①パワーハラスメント行為者への処分、②公益通報者保護規程の改定、③倫理規程の改定、④選手、コーチ間のルール作り、⑤代表選手などの選考過程の公平・公正、透明化、⑥ナショナルチームのコーチ選考過程の公平・公正、透明化、⑦外部人材の登用などについて、⑧会計処理に関する問題、であった（同）。

32　2018年9月18日付産経新聞「自浄能力の欠如を恥じよ」。

33　2018年8月21日付朝日新聞「競技団体へ国介入も」。

34　2018年8月23日付読売新聞「競技団体　国が指導強化」。

35　2018年8月24日付下野新聞「組織横断で不祥事対応」。

　8 月28日、スポーツ議員連盟のプロジェクトチームが会合を開き、有識者を交えて不祥事対策の提言をまとめることを決めた[37]。第三者が問題の客観調査を行う新たな組織の設置を目指し、議連内の有識者会議で具体案を詰め、早ければ秋に召集予定の臨時国会にも法律案を提出するとした。具体的には、スポーツ団体や大学の運動部などでスポーツ選手の暴力行為や指導者によるパワハラなどが起きた場合に、団体や個人からの要請を受け、中立的立場で専門的調査を行う常設の機関を JSC 内に設置する。新組織は、対象をトップアスリート以外にも広げ、内容も団体運営に関するさまざまな問題に広げる方向で議論する。「医療事故調査・支援センター」（医療事故の際に家族が調査を求めることができる第三者機関）のように、各団体から独立した組織をイメージしているとの説明があった[38]。

　同時に、こうした動き自体がスポーツ団体を統括する「JOC への不信感の証し」でもあるという指摘もあった[39]。政治介入による1980年モスクワ五輪ボイコットからの教訓である「政治はスポーツに介入しない」という不文律の揺らぎを危惧する声もあったものの、公的資金が投じられれば、スポーツ団体の不正経理やガバナンスに対する視線は厳しくなるのは当然で、組織体制の整備で後手に回った JOC やスポーツ団体は、この点での自覚があまりにも足りなかったという批判があった。スポーツ団体を統括する JOC が指導力を発揮していないことへの不満を背景に、法的な指導や処分権限を持たず、助言にとどまるスポーツ庁の監督権限をどこまで強化するかが今後の議論の焦点となると見なされたのである[40]。

36　2018年 8 月24日付毎日新聞「不祥事防止に 1 億円」。
37　2018年 8 月30日付毎日新聞「競技団体へ募る不信感」。
38　2018年 9 月 2 日付朝日新聞「スポーツ界不祥事　専門調査へ新組織」。
39　2018年 9 月 5 日付読売新聞「続く不祥事　強化に影」。
40　2018年10月 1 日付毎日新聞「国、スポーツ界関与強化」。その背景について、以下のような説明がある。メダル獲得が一つに終わった2006年トリノ冬季五輪以後、07年に自民党がスポーツ立国調査会を設置して、国策による強化に舵を切った。こうした流れの中で、2020年東京五輪が実現したことでスポーツ関係予算は右肩上がりで伸び、14年度予算で約48億円だった競技力向上事業費は18年度には96億円に倍増した。自主財源のある競技団体ほど職員を雇用して事務

　2018年10月２日、スポーツ議員連盟のプロジェクトチームは、スポーツ界のガバナンスを強化するための共通の指針を作ることを決め、スポーツ庁が中心となって案を策定することとなった。「その指針の下、JOCや日本スポーツ協会などがそれぞれの加盟団体に沿った新たな規則を設けていく方向」が示された[41]。

5　スポーツ団体と組織理論

　スポーツ団体の不祥事横行の是正につながる何らかの示唆を、従来の組織理論研究から得ることはできないものであろうか。本節ではスラック（Trevor Slack）とヒニングス（C. R. Hinings）によるスポーツ統括組織論と、ボイヤード（Tony Bovaird）による良きガバナンス（good governance）としての協働のパートナーシップ論を提示する。

　スラックらは、パーソンズ（Parsons）の組織理論をスポーツ統括組織に適用した。パーソンズによれば組織一般は、組織の下部から上部に向けて専門技術上（technical）のサブシステム、管理上（managerial）のサブシステム、そして制度上（institutional）のサブシステムが並び、ヒエラルヒー組織はこの３層のサブシステムから構成される。

　スポーツ統括組織（SGB＝Sport Governing Bodies）の専門技術サブシステムにおいては、大衆（mass）向けとエリート（elite）向けのプログラムがある。前者の担当部門は、当該スポーツの促進や社会に向けたレクリエーション的な機会の提供を任務とする。後者の担当部門は、地域と国レベルのコーチ、

局が整備されているほか、外部の人材も入れてガバナンスも整備されている。2020年東京五輪に向け、金メダル数で世界３位の目標が掲げられ、多額の国費が流れ込むようになり、スポンサー企業も増える中で、公平で透明性の高い組織への変化が見られない。JOCは2013年に規定を改定し、加盟団体への調査権限があることを明記した。必要があれば帳簿書類を閲覧し、関係者から話を聞くことができるが、加盟団体の指導に乗り出したのは日本ボクシング連盟が不正疑惑を解明するために設置した第三者委員会の公平性を確認する合同チームを設置した時に限られている、というものである（同）。

41　2018年10月３日付朝日新聞「ガバナンス指針を策定へ」。

チームスタッフ、選手が所属し、選手やチームの競技力の向上を任務とする。

　管理サブシステムの任務は、専門技術サブシステムと設備利用者及び専門技術向上に取り組む担当部門へ必要なリソース（資源）を提供する関係者との間で仲介を行うことである。スポーツ統括組織の場合、執行部委員会やフルタイムの役員が管理上のサブシステムを構成する。理事らの主要な任務は、専門技術サブシステムの円滑な運営を確保することである。専門技術サブシステムへの機材や設備の提供、諸活動の調整、外部機関との交渉や折衝がそれに当たる。

　制度サブシステムにおける理事会の任務は、広い見地から目的や指針を定め、専門スタッフを雇用し、諸活動を全体的に監理することである。そして、さらにより重要な任務として挙げられるのが、支援をめぐる政府機関や企業、他の社会組織、有力支援者への要請や働きかけ、などである。

　要するに、スラックらは、技術サブシステムは競技力向上や大会における勝利といった任務の遂行を、管理サブシステムはこうした任務遂行の手助けを、制度サブシステムは当該スポーツ統括組織やその活動の正当化に向けた活動を行う、と結論づけたのである[42]。

　また、ボイヤードは良きガバナンスの視点から、協働のパートナーシップと法的な業務契約上のパートナー関係との違いに注目し、良きガバナンスと判断される最低限の規準について、以下の表1のようにまとめた。

6　良きガバナンスとは

　以上のように、2018年に立て続けに顕在化した日本のスポーツ中央競技団体における不祥事について、ボクシング連盟と体操協会のパワハラ問題などの中身に踏み込んで問題の所在や経緯を明らかにした。そして、一連のス

42　Trevor Slack and C. R. Hinings, *The Organization and Administration of Sport*,（1987, London）pp.40-43.

表1　ガバナンスの視点からのパートナーシップ

ガバナンスの原則	業務契約関係	協働のパートナーシップ
市民との関わり	市民や利害関係者との協議	決定作成における市民や利害関係者の参加
透明性	契約の履行をチェックするために利害関係者が知る必要のある範囲に限定され、商業的機密の限界あり	信頼を構築するための重要な要素としてのあらゆるパートナーに関する開かれた形での活動状況の記載
説明責任	とくに予算・費用管理の面で、契約者は購買者に対して、契約において定められた報告業務に対する説明責任あり	パートナーは互いに自らの活動や業務遂行についての説明責任を有し、パートナーシップ全体の遂行について他の利害関係者への説明責任もあり
対等と社会的包摂	当該企業が社会的責任を掲げているなど、契約に規定されている場合に限り適用	パートナーシップの作動において中核的な価値として認識・受容され、パートナーはこの原則に反するようなパフォーマンスに対しては積極的に改善・改変することを期待
倫理的かつ誠実な行動	スタッフは合法的かつ職業的行為基準の範囲内で行動	同上
公正な手続と正当なプロセス	スタッフは組織的手続に沿って行動。契約の履行として、対象グループのあらゆる個人に対して一貫した取り扱い。対象外の異なるグループへの対応よりも優先	同上
協働する意思と能力	他の諸組織との関係において不可欠とは認識せず	あらゆるパートナーにとって成功のために必要不可欠な要素
リーダーシップ	良質な契約マネジメントを確保する上で各々の組織において不可欠。契約の規定を的確・効率的に満たすためにも不可欠	あらゆるレベルのパートナーシップに不可欠。組織にとって、また組織が貢献するコミュニティにとって不可欠
持続可能性	契約書の持続可能についての規準を順守	パートナーは継続的に政策や活動において持続可能性の向上のための改善策を追求

資料：Tony Bovaird, "Public-Private Partnerships: From Contested Concepts to Prevalent Practice", Mark Bevir ed., *Public Governance Volume 2*,（2007, London）, pp.242-243. の Table 2: Partnerships from a Governance Perspective を日本語訳し作成。

ポーツ団体に不祥事が生じた背景としての組織構造や意思決定の歪み、スポーツ団体に対する批判、さらにはJOCやスポーツ協会に対する国の不満と対策に向けた介入への動きなどを追った。

　その結果、特定人物やそれを取り巻く理事会などへの権力の集中、過剰なまでの上意下達の意思決定、指導者に対する選手の服従・共存関係、自浄作用の不能、相談窓口などの組織内チェック機能の限界、外部監視組織（内閣府やスポーツ庁など）によるチェック機能の不足、JOCやスポーツ協会といった統括団体の脆弱な対応、スポーツ団体における責任の所在の不明確性、代表選手選考の不透明性、多くのスポーツ団体が抱える人材・資金不足問題、選手強化補助金増大の悪影響、国際スポーツ競技団体が抱える不正問題との連動など、企業組織や省庁組織の不正との交錯面と同時にガバナンスをめぐるスポーツ団体特有の問題が明らかになった。

　スラックらが提示した上述のスポーツ統括組織における専門技術、管理、制度といった3層のサブシステムの場合、組織内ガバナンスが機能しているならば、不祥事が生じる余地はないはずである。ところが実際にはヒエラルヒー組織の最上部（理事会）の権力者（会長）に実質的な権限が集中し、本来サブシステム間で機能するはずの相互チェック作用が働かないばかりか、不正常に歪んだ形で対外発信されたため、組織外ガバナンス自体が閉ざされてしまったのである。その余波は統括組織（JOC、スポーツ協会）による監視機能の不能にまで及び、国（政府、スポーツ議員連盟、スポーツ庁など）を監視者とする新たな介入・コントロールの仕組みにつながろうとしている。

　ボイヤーが提示した協働のパートナーシップはガバナンスの理念型を示している。市民社会に開かれ、透明性や説明責任が確保され、関係組織間の対等なパートナーシップのもと価値が共有され、関係組織の倫理的かつ誠実な行動が、公正な手続きと正当なプロセスを生み出す。関係者には協働する意思と能力が備わっており、それとの連動でパートナーシップとリーダーシップが両立して作動する。そしてそのことは持続可能な組織運営につながる。

　スラックらの指摘が示唆するのが、閉じられたスポーツ団体は必然的に不

正常に作動することであるとすると、その裏返しとしてボイヤーの提示から得られる知見は、スポーツ団体が適正に正常に作動するための要諦は、良きガバナンスを生み出すために他の組織とどのような関係性を築くかに掛かっているということになる。

　果たして、こうしたガバナンスの機能不全に陥ったスポーツ団体に対する何らかの処方箋を提示できるであろうか。意識改革や新たな指針をいくら強調したところで、実効性のある制度的なシステムが提供されない限り、お題目や絵に描いた餅で終わってしまうであろう。そこで以下、具体的な処方箋について考えたい。

7　二極分化・鼎立型の対応システム

　一連の不祥事において、国際レベルとはいえスポーツ統括団体が明確に自浄作用を発揮しようとする唯一の動きが、国際体操連盟（FIG）による通報窓口の設置表明である。連盟の会長である渡邊守成は2018年10月5日、IOC開催の講演において、各国で相次ぐ指導者の暴力やパワハラ・セクハラ被害の再発防止策として、FIGから独立しかつ「世界のスポーツ界のロールモデル」となる通報窓口である「倫理財団」を、2019年1月に開設（基金設立にFIGが約2億円を拠出する計画）すると発表した[43]。

　体操競技という共通の傘下にあることや、リーダーシップを発揮し得る会長というポジションにあるという点を差し引いても、各国で普及や向上をめぐる諸事情を抱える各国内競技連盟（NF）を束ねる形で、かつ基金など自力で不祥事対応組織を立ち上げることをこの時期に表明した意義は決して小さくない。各国における同一競技のNF間の調整と、国内の異なる競技のNF間の調整との違いはあるにせよ、これだけの不祥事に直面しても、統括団体

43　2018年10月7日付毎日新聞「指導者パワハラ　通報窓口設置へ」。新設する独立機関の名称は「倫理財団」というもので、世界中の通報窓口となり、弁護士を通じて処分などの法的手続きを進める制度を導入するとした（2018年9月26日付朝日新聞「独立機関がパワハラ処分」）。

であるJOCが今後の国の動きに歩調を合わせる（あるいは合わせざるを得ない）だけで、自ら目に見える形で自浄能力を発揮できないとなると、1980年モスクワ五輪ボイコット時の国のスポーツ団体に対する介入へと歴史の歯車を逆戻りさせ、ひいてはJOCの存在・存続意義がその根本から疑問視されるようになるであろう。

　スポーツの競技力向上を担うJOCと普及・促進を担う日本スポーツ協会は、今こそ統括団体としてのリーダーシップを発揮しなければならない。国内NF間の調整を主導し、たとえスタート時には参加するNFが少数であったとしても、あるいは参加NF間での基金に向けた資金提供に差があったとしても、国に依存しない自力での基金による日本スポーツ団体版の不祥事対応機関（たとえば「日本版スポーツ倫理財団」）をまずは国に先駆けて設置すべきではないだろうか。

　ところで、経済学者の松井彰彦は最近の論考[44]の中で、政府（中央省庁）の障害者雇用問題と国家公務員の残業問題を切り口に、ゲーム理論の観点から「監視者の監視は誰が行うのか」という問題に注目している。民間企業に対しては政府の監視機能が働くが、その政府を監視・監督する組織はないがゆえに、結局のところ「監視・監督する者をさらに監視・監視する者をどのようにつくりだすか」という無限の隘路に陥ってしまう。これを防ぐために松井が提案するのが「鼎立（三権分立）」という考え方（AをBが監視、BをCが監視、CをAが監視）である。このしくみは「ひとつの監視者の権力が強くなってしまうと、その監視者を監視しても矯正する力がなくなってしまう」という弱点があるものの、最善の対応策であるという。そして、鼎立を構成するのは、たとえば政府、企業、メディア（マスメディア、ソーシャルメディア）の三者であり、メディアの妥当性をチェックするのが国民や企業であるとする。

　松井が提唱した「鼎立」型チェックの仕組みは、本稿の処方箋を考える上

44　松井彰彦「監視者を監視するには」（2018年10月20日付朝日新聞）。

で非常に重要な点を示唆している。今後は、国（スポーツ議員連盟、文科省、ス
ポーツ庁、JSC、内閣府、内閣官房など）がスポーツ団体（JOC、日本スポーツ協会、
各スポーツ競技団体など）を監視・監督するシステムの出現が予想される。し
かし、この仕組みでは、自浄能力がないと判断されたスポーツ団体は、統括
団体であろうと競技団体であろうと実質的には国から一方的にチェックを受
ける対象となってしまう。そうなると、あくまでも監視・監督者である国の
仕組みの枠内（手のひらの中）で、スポーツ団体は被監視・監督者としての対
応が問われることになってしまう。また、その場合のメディアによるチェッ
ク機能の対象は、国にではなくスポーツ団体に向いてしまう。これを、監
視・監督者である国を一極とする集約的な不祥事対応組織間システムという
意味で、「一極集約型」の不祥事対応システムと呼ぶこととする（図1）。

　それに対して政策の処方箋として提案するのが、「二極分化・鼎立型」ない
しは「二極分化・鼎立型プラス1」の不祥事対応システムである（図2）。
すなわち、FIGによる自力での通報窓口の設置に倣って、JOC・日本スポー
ツ協会が主導し加盟スポーツ競技団体から構成される不祥事対応機関（「日本
版スポーツ倫理財団」）を設置し、国からのチェックを受けると同時に自らも国
をチェックする、いわばスポーツ団体と国という「二極」が相互にチェック

図1 「一極集約型」の不祥事対応システム

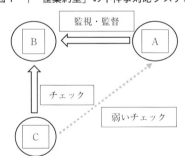

注：Aは国（スポーツ議員連盟、文科省、スポーツ庁、JSC、内閣府、内閣官房など）
　　Bはスポーツ団体（JOC、日本スポーツ協会、各スポーツ競技団体など）
　　Cはメディア（マスメディア、ソーシャルメディア）

図2　「二極分化・鼎立型」の不祥事対応システム

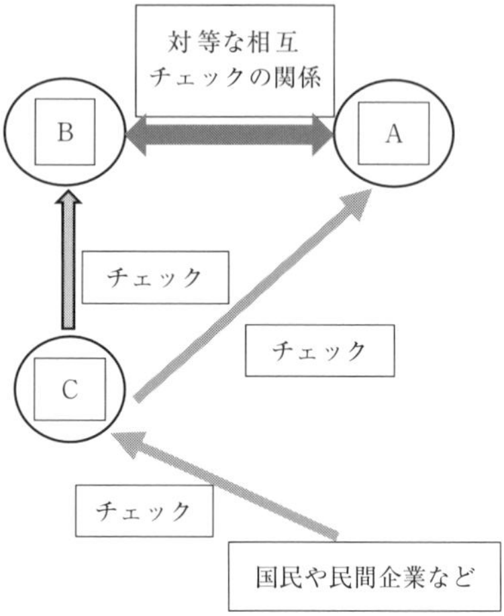

注：A、B、Cは図1と同じ。国民・企業を加えれば、「二極分化・鼎立型プラス1」とも呼び得る。

機能を発揮するしくみである。両者をチェックする存在としてのメディア（マスメディア、ソーシャルメディア）が加わることで、スポーツ団体、国、メディアの三者による「鼎立」が形成される。そして、メディアをチェックする役割は国民や企業が担うので、これを加えれば「二極分化・鼎立型プラス1」の不祥事対応システムとも呼び得る。

　二極分化・鼎立型の場合、スポーツ団体と国とはあくまでも対等な関係にある。1980年モスクワ五輪のボイコットを教訓に、1989年8月にJOCが当時の日本体育協会から独立し、それ以降スポーツ団体の自治は曲がりなりにも今日まで保たれてきた。「一極集約型」ではそれを崩してしまう懸念がある。とはいえ、「二極分化・鼎立型」がスポーツ団体の自治を守り保障する完全なシステムとまでは言い切れない。それでも、不祥事問題でスポーツ団体には自浄能力がないとの烙印が押された事実を受けて、国による不祥事対応の片務的な組織間チェックシステムが作り出される前に、本稿でいうところの「日本版スポーツ倫理財団」の設置による双務的な組織間チェックシス

テムを構築できるかどうか。日本のスポーツ団体は自治・自立・自律をめぐる岐路に立っている。

第2章　スポーツ団体自治の終焉

1　ガバナンスの揺らぎ

　2018年におけるパワーハラスメント、暴力、不正会計、強権的な運営といったスポーツ競技団体（略称はNF。以下、競技団体と記載）の一連の不祥事[1]や脆弱なコンプライアンス（法令順守）状況に業を煮やす形で、国は競技団体への監督を強化する方向へと舵を切った。

　具体的には「スポーツ団体ガバナンスコード」（スポーツ団体運営指針。2020年度からの施行を予定。以下、ガバナンスコード）の策定がそれである。

1　2018年においてカヌー選手によるライバル選手への禁止薬物混入（1月）、レスリング女子選手へのパワハラ（2月）、日大アメフト部の悪質タックル（5月）、日本ボクシング連盟の助成金不適切使用（7月）、体操女子選手へのコーチの暴力と協会役員によるパワハラ疑惑（8月）といった不祥事が続いた（2018年11月10日付朝日新聞「国か民間か　綱引き続く」）。

　こうした不祥事に対して、JOCによる日本ボクシング連盟に対する処分は、2018年度強化交付金を支給しないということと、以下の五つの取り組みを19年1月末までに書面で報告し、その後も3カ月ごとに書面で報告せよというものであった。

　すなわち、①連盟の権限や情報が会長などの特定の者に集中しないよう定款を見直し、役員らにガバナンスの教育啓発活動を行うこと、②連盟から独立した法務、財務、経営などの有識者を理事、監事に選任すること、③アスリート委員会規定を制定し、アスリートの意見反映を確保すること、④通報相談窓口には連盟から独立した法律の専門家を配置し、積極運用すること、⑤ただちに経理処理、資産管理、寄付金取り扱いに関する規定を整備し周知すること、というものであった（2018年11月21日付朝日新聞「後手のJOC　対応検証を」）。

　また、日本体操協会は2019年3月に、東京都内で理事会を開き、強化本部長とクラブ指導者の兼任を原則として禁止するなどの再発防止策を決めた。強化責任者や協会幹部が名門クラブの指導者を兼任する構造的な問題に対して、協会は再発防止策として、クラブの運営者や監督・コーチらは、代表選手選考に強い権限を持つ強化本部長に充てないこととした。そして、理事に複数の外部有識者を選任することや、通報者保護制度の整備も決めた。強化本部長は同年3月の任期満了を持って退任し、協会副会長も同年6月に退任することとなった（2019年3月10日付毎日新聞「強化本部長の兼任禁止」）。

　また、2020年東京オリンピック・パラリンピック大会（2020年東京五輪）の招致活動のコンサルタント契約をめぐる賄賂疑惑問題で、フランス司法当局による日本オリンピック委員会（JOC）会長への聴取とJOC会長の定年延長問題、その後のJOC会長辞任表明が、ガバナンスコードの策定時期と重なり表面化した。

　本稿の目的は二つある。一つは、これまで理念や抽象レベルで論じられる傾向にあった、競技団体をめぐるガバナンス（組織統治）の具体化に向けた動きに注目し、スポーツ統括団体であるJOCや日本スポーツ協会（JSPO）、スポーツ競技団体、スポーツ庁、スポーツ庁が所管する独立行政法人の日本スポーツ振興センター（JSC）、2020年東京オリンピック・パラリンピック大会組織委員会（組織委）といった国レベルのスポーツ担当組織[2]がどのように相互に絡みながら、ガバナンスコードの策定に至ったのか、そのプロセスを把握し特質を明らかにすることである。

　もう一つは、JOC会長が辞任表明に至った外在的な影響力は何だったのか。また、辞任表明に至った背景には何があったのかを考察することである。国際オリンピック委員会（IOC）による影響力行使や2020年東京五輪に向けて、これ以上の不祥事がもたらす大会へのイメージの悪化や世論の支持離れ、そのことがひいては大会成功をおぼつかなくさせる事態への関係者の間での強い危惧の共有が、「責任所在の定点化」といった極めて特異な国内外の「防御ネットワーク」を作動させたのではないだろうか。

　以上の二つの問題意識から、第2節ではガバナンスコードの策定に向けたプロセス（2019年5月現在）を把握した上で、第3節では、関係組織間の妥協の産物として設置された「スポーツ政策推進に関する円卓会議」について、構成メンバーである国（スポーツ庁とその外郭団体であるJSC）による具体的な関与、すなわち、従来のようにスポーツ競技団体に対する助言で終わるので

　2　スポーツ関連組織についての略記と名称は以下のとおりである。JSC＝日本スポーツ振興センター、JSPO＝日本スポーツ協会、JOC＝日本オリンピック委員会、JPSA＝日本障がい者スポーツ協会。

はなく、違反行為への罰則（JOC 加盟団体としての資格の無効化など）の適用も
あり得るといった点にも注目し、その背景を探る。

　第4節では、ガバナンスコードの素案を提示し、素案の中でもとくに役員
の再任回数・就任年数や年齢の上限をめぐり、スポーツ界（統括団体と競技団
体）内部での意見の相違や、スポーツ界と国側との間で見解のずれがあった
ことを指摘する。そして第5節では、役員定年延長案、招致委による贈賄疑
惑、JOC 会長退任の表明が、非常にわかりやすくシンプルに連動しながら
も、当時の喧噪を後日振り返ると、ある種奇妙ともいえる強力な外在的影響
力（関係者間のスクラム）が効果（問題決着の雰囲気）を発揮したことを明らかに
する。

　第6節では、JOC 会長退任の背景には、スポーツ統括団体と競技団体と
の関係におけるリーダーシップの欠如や、政官とスポーツ統括団体との力学
の変化（JOC 衰退論）があることを示す。そして、第7節において、招致委
の贈賄疑惑の責任をめぐる所在が矮小化されたのではないかとの共通した各
種報道に注目する。

　第8節において、九つの競技団体が提出した要望書への対応も含め、ス
ポーツ庁が主導したガバナンスコードの最終案に焦点を当て、役員定年の規
定をめぐる落としどころのポイント（2019年5月現在）を把握する。

　第9節では、これまでの検証から、とくに二つの点が看過されてはならな
いとする。一つはスポーツ団体ガバナンスコードの策定に、スポーツ統括団
体や競技団体が積極的に関わった形跡が見られなかったことであり、もう一
つは JOC 会長退任につながった招致活動をめぐる贈賄疑惑の責任の所在
が、あまりにも不明確であり、説明責任が欠如しているという点である。

2　ガバナンスコードの策定へ

　2018年10月当初は JSPO が中心になって、競技団体（2018年10月現在で59団
体が加盟。JOC 加盟は55団体）の財務状況、ガバナンス、コンプライアンスを定

期的に検査し、加盟を更新制とするとしていた[3]。文部科学省設置法では、スポーツ庁は強制力のない助言しかできないことと、JSCはすでに助成金の認可審査にガバナンスへの評価を加えているといった指摘もあったが、この時点ではまだ、「JOCやNFは独立性や自治を求めるのなら、指標作りそのものに自発的に関わるべきだ」との見解もあった[4]。

　一方、同時期にスポーツ庁や超党派のスポーツ議員連盟プロジェクトチームの有識者会議が、企業の行動指針であるコーポレートガバナンス・コードを参考にした「スポーツ団体ガバナンスコード（組織統治の共通指針）」の策定を検討していることが明らかとなった[5]。

　JOCは同年11月上旬に、各競技団体のトップを集めた「JOC加盟団体会長会議」を開き、不祥事根絶へ各団体による自主的な対策強化を求めた。その際、出席したスポーツ庁長官は、国の関与を強める方策を検討していることに触れ、「スポーツ界の自治、独立には極力、国の関与はないほうがいい。（各団体で）インテグリティー（高潔性）の確保をお願いしたい」と述べた。また、JOC会長は競技団体に対して、「リーダーシップを取って、ガバナンス、コンプライアンスを強化してもらえたら」と要望したとある[6]。

　この時期までは、JOCやJSPOが、競技団体への不祥事防止策を主導するのではと捉える向きもあった。しかし、その後は審査する主体がJOCやJSPOか、あるいはJSCかの議論は残っていたものの、上記有識者会議における意を受けたスポーツ庁が、国主体の審査を強調するようになった[7]。

　国の関与を強化する場合は認証機関をJSCに一任することになるとされたが、有識者会議の提言案では、スポーツ界の意向に配慮し、JOCなどの統括団体を認証機関とする場合も併記して「関係機関との調整が必要」とその後の議論に委ねた[8]。

3　2018年10月14日付下野新聞「競技団体運営に定期検査導入へ」。
4　潮智史「スポーツ界　未熟な組織統治」（2018年10月15日付朝日新聞）。
5　2018年10月18日付読売新聞「競技団体に外部の目」。
6　2018年11月8日付読売新聞「JOC　不祥事根絶を要請」。
7　2018年11月10日付朝日新聞「国か民間か　綱引き続く」。

　ガバナンスコードは2019年春の完成に向け、スポーツ庁が策定する方向となった。しかし、認証機関については、「国と民間が一緒に関わる第3の案があってもいい」[9]との有識者会議におけるJOC強化本部長の主張に沿った動きで進んでいくこととなる。競技団体に認証を与えるのはJSCだとしても、統括団体が認証のための委員会を設立し、審査を行うという折衷案がそれである[10]。

　2018年11月末に、スポーツ議員連盟プロジェクトチームは、スポーツ庁、JSC、統括団体で構成する「スポーツ政策推進に関する円卓会議」が審査の公平性などを年に数回程度チェックする案を固めた[11]。

3　円卓会議と新たな監視

　円卓会議とは何か。スポーツ庁がまとめた新制度では、JSPO、JOC，日本障がい者スポーツ協会の統括3団体が4年ごとに傘下の競技団体のガバナンスコードへの適合性を審査し、統括3団体とスポーツ庁、JSCによる円卓会議で、審査状況や不祥事への対応など情報を共有し、必要に応じて改善を求めるというものであった。

　要するに、スポーツ界の自主性を重んじて、競技団体を審査する実務は統括団体が担う一方、結果の確認や改善の要求はスポーツ庁も加わって実施す

　8　2018年11月10日付毎日新聞「競技団体『国認証』案」。この提言案に対して、JOCはNFを束ねる立場だが、相次ぐ不祥事に対して何も機能していない。とはいえ、JSCも新国立競技場の建設などで混乱を招いた当事者であり、どちらも競技団体の規律を語る資格があるとは言い難い、という批判があった（2018年11月18日付産経新聞「自立の気概どこへ行った」）。また、スポーツ界にしろ国にしろ、どちらかが単独でやることは無理があるし、JOCやJSPOはすべての加盟団体を厳格に審査するには資金や組織が足りていない。補助金の配分を握っているJSCがJOCやJSOPへの加盟資格まで結果的に審査することになり、また、実質的に五輪への出場を左右するJOC加盟の可否を決めることとなり、「国がそこまで介入するのは許されない」という批判もあった（2018年11月21日付日本経済新聞「スポーツ界、信頼失墜直視を」）。

　9　2018年11月21日付日本経済新聞「スポーツ界、信頼失墜直視を」。

　10　2018年11月29日付日本経済新聞「国・スポーツ界　連携へ」。

　11　2018年11月30日付毎日新聞「JOCなど　団体を審査」。

図1　「スポーツ政策推進に関する円卓会議」の仕組み

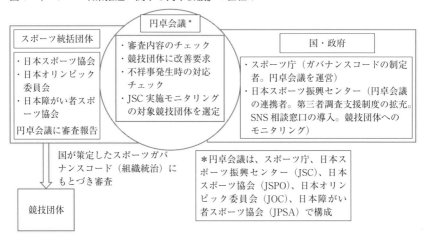

資料：2018年12月1日付東京新聞「スポーツ庁に『円卓会議』」、同日付毎日新聞「国が競技団体『監視』」、同日付朝日新聞「不祥事防止へ　円卓会議開催」の各掲載図を参考に作成。

る。また、統括団体の審査とは別に、JSCもコンプライアンスの状況をモニタリングして円卓会議に報告する。統括3団体は合同で弁護士や会計士ら専門家が加わったチームを組織し、傘下の各団体の審査を進める[12]というものである（図1参照）。

　円卓会議は、「競技団体の自主性や自立性を尊重しつつ、国にも一定の関与を認める仕組み」であり、「関係者の利害が色濃くにじみ出た」ものといえる。双方に目配りした性格となった背景には、国の機関であるJSCが主体となって競技団体を審査する場合、国側は予算措置や人的負担などで難しい調整負担に直面する。そうかといってJOCなどが主体を担うのでは、改

12　2018年12月26日付日本経済新聞「ガバナンス改革の本気度」。円卓会議について、国の機関であるJSCの機能強化のための予算はスポーツ庁により確保されるが、民間の3団体に対する新たな補助金などは検討されていない中、統括3団体が競技団体を審査するための予算はどう捻出するのか。コストがかかるし、審査が必要な期間限定となり、パラスポーツも含めた競技団体の数を考えれば、膨大な作業となる。結果として審査がおざなりになり、制度自体が機能しないのでは、との危惧が指摘された（同）。

革姿勢を国民に示せないというジレンマが存在したのである[13]。

　円卓会議は、「統括3団体の審査状況に手抜かりや不正がないかをスポーツ庁が監視する仕組み」であり、審査する側のJOCなどにも適格性のチェックが必要との声もあった[14]。

　他にも、「本来、こうした場は、スポーツ界がこれまできちんと声をあげていれば必要はなかった。スポーツ議員連盟の有識者会議が発案、スポーツ庁がリードする形で仕組みが決まり、ここでもスポーツ界は出遅れた」「参加者間の相互関係や席次の明確化を避ける『円卓』としたのは、国の介入を嫌うスポーツ界へのせめてもの配慮」だとの批判があった[15]。

　2018年12月下旬に円卓会議は第1回会合を行い、これが「国と民間の統括団体が共同で競技団体のガバナンス整備に関わる初めての取り組み」となった[16]。

　一方、「円卓会議ができたことで、お互いの間にある壁がなくなれば、今後のスポーツ界の運営は円滑になる」とし、そのために、「会議を主導するスポーツ庁は、その結果だけでなく過程についても、公文書管理に関する政府のガイドラインに沿った運用を順守すべき」といった組織運営における透明性の確保に向けたポジティブな指摘もあった。

　さらに、「円卓会議の肝は、各組織の事務方らで作る作業部会」だとした上で、作業部会には五組織の「利益代表」が集まるのではなく、「未来志向になれる人材をどれだけ送り込めるか」に掛かっているとの声も上がった。JSPOには国民体育大会（国体）の実施競技を絞り込むための各競技団体のガバナンスなどを点数化する仕組みがある点に注目し、4年に1度の競技団体の定期審査のコストと手間を効率的に行うために、このシステムを活用してはどうかといった具体的な提案もあった[17]。

13　2018年12月1日付読売新聞「利害優先妥協の産物」。

14　2018年12月27日付産経新聞「JOC　問われる自省」。

15　佐野慎輔「『災』転じてどうするか」（2018年12月30日付産経新聞）。

16　2018年12月27日付朝日新聞「不祥事防止へ　円卓会議開催」。

17　2019年1月5日付朝日新聞「円卓会議　利益代表でない人材を」。

4　スポーツ界の稚拙な反応

　2019年3月上旬に、表1のようなガバナンスコードの素案が明らかとなった。

　とくに注目されたのが、原則2の「役員などの体制整備」である。さらにその中でも「再任回数の上限や就任時の年齢制限の設定」をめぐって、この後、スポーツ庁長官の諮問機関であるスポーツ審議会の部会において、スポーツ庁と競技団体・統括団体との間で見解の相違が明らかになる。

　また、任期制限については、スポーツ界から上記部会に参加するメンバー内でも、「（人材不足の）実態や現状を考えると厳しい」、「制限がなければ、次の人を育てようとしない。明確な数字を入れるべきだ」といったように意見

表1　中央競技団体向けガバナンスコード素案の主な内容

原　則	項目名	内　容
1	組織運営に関する基本計画の策定と公表	人材の採用・育成計画や財務計画の策定
2	役員などの体制整備	外部理事や女性理事の目標設定。再任回数の上限や就任時の年齢制限の設定
3	組織運営に必要な規定の整備	経理規程や理事会運営規程などを整備
4	コンプライアンス委員会の設置	弁護士などの有識者を含むこと
5	コンプライアンス教育の実施	職員、選手、指導者、審判を対象とした研修等
6	法務や会計体制の構築	専門家による日常的なサポート
7	情報開示	選手選考基準など
8	利益相反事案の管理	利益相反取引を原則として禁止
9	通報制度	通報窓口、守秘義務
10	懲罰制度	違反行為を対象
11	紛争解決制度	日本スポーツ仲裁機構を利用できる自動応諾条項など
12	危機管理体制	不祥事発生時のマニュアルや調査体制
13	地方組織への支援	財政的基盤が弱い地方協会へのガバナンス強化支援

資料：2019年3月8日付朝日新聞「競技団体役員の任期、制限」の掲載表をもとに作成。

は分かれた[18]。

　前者の反対論には、「組織の新陳代謝は必要」としつつも、「任期制限によって、組織運営の経験や知見を持った有能な人材まで切らないといけなくなるのであれば厳しい」とし、「理事以外の役職を作って協会をサポートしてもらうなど、対応を考える必要があるかもしれない」との見方があった。また、「世の中は高齢化社会になり、企業が定年を延ばす方向にある。限られた人材を有効に使うという意味で、制限を設けることは足かせになる恐れがある」との意見もあった[19]。

5　役員定年延長案・贈賄疑惑・JOC 会長退任

　2019年2月にはJOCが、「選任時70歳未満」（当時のJOC会長は71歳）とする役員定年規定の変更を検討していることが明らかとなった。

　初期の報道では、「IOC委員と日本スポーツ協会会長に限って定年制の例外とする案や、IOC委員が含まれる学識経験者枠の理事を例外とする案」とあり、前者の案では対象は当時のJSPOとJOC会長、後者の案ではJOC会長のみとなる。また、五輪憲章では、IOC委員に各国の五輪委員会執行機関のメンバーであることが課されていることから、JOC会長が続投する場合、憲章を根拠に問題なしとする意見と、規定変更による明文化が必要との意見がJOC幹部間であったという[20]。

　JOCの検討には四つのパターンがあると理解できる。すなわち、①役員定年延期の対象はJOC会長とJSPO会長、②役員定年延長の対象はJOC会長のみ、③JOC会長の定年延長については五輪憲章を根拠に問題なし、④JOC会長定年延長についてJOCの規定変更による明文化が必要、というものである。

18　2019年3月8日付毎日新聞「競技団体理事　任期制限」。
19　2019年3月8日付読売新聞「理事任期制原案に賛否」。
20　2019年2月19日付朝日新聞「役員定年の規定」。

　ところが、この時期はガバナンスコード素案における役員任期（再任回数の上限や就任時の年齢制限の設定）に注目が集まっていた。加えて、それ以前の2019年1月にJOC会長が2020年東京五輪招致をめぐる贈賄疑惑[21]でフランス司法当局の捜査対象になっていることが発覚したこと、また、直後の記者会見でJOC会長が質問に応答する時間を設けず一方的に会見を打ち切ったこと、さらにはJOC会長がこれまで10期17年以上会長職を務めていたことなどが相俟って、上記②と④を事実前提として、批判の矛先がJOC会長に集中的に向かったのである。

　その後の報道では、「とても理解できない動き」「いまの体制のまま東京五輪を迎えたいという思惑」[22]「70歳を超える理事は複数おり、JOC内には『理事に残れば東京五輪の開会式で行進できる』との皮肉も聞かれる。その文脈で定年撤廃が語られるなら、組織の私物化」[23]「（不祥事の）再発防止に向け各競技団体にルールを課そうとしている時に、統括団体であるJOCが流

21　東京五輪招致をめぐるコンサルタント契約疑惑とは、JOC会長が理事長を務めていた招致委が、東京五輪開催が決まるIOC総会が開かれた2013年9月を挟んだ同年7月と10月に、シンガポールのコンサルタント会社「ブラックタイディングス」（BT）の口座に振り込んだ約230万㌦（約2億3000万円）の一部が、IOCの有力委員だったラミン・ディアク前国際陸上競技連盟（本部・モナコ）会長の息子、パパマッサタ氏に流れたとして、フランス当局が捜査しているというものである（2019年3月16日付毎日新聞「竹田会長　退任不可避」及び2019年3月20日付毎日新聞「外圧　竹田氏に引導」）。その後、JOCの調査チームは、2016年9月にコンサル料に違法性はないとの報告書を公表した。

　　また、日本では2026年に愛知県と名古屋市の共催でアジア五輪が開催されるが、アジア・オリンピック評議会（OCA）は2019年3月の総会で役員を改選し、JOC会長を副会長に再任した。OCAの倫理委員会はJOC会長の不正行為は確認されなかったとして、OCAの役職を継続することは問題ないと結論づけた。OCA会長は、「何の疑いもない。彼と仕事ができて光栄だ」と語った。OCAではアジア大会を開く各国・地域の国内オリンピック委員会（NOC）から副会長を出す慣例があるという（2019年3月5日付毎日新聞「OCA副会長に竹田恒和氏再任」）。このように招致疑惑をめぐる対応にはIOCとOCA・JOCとの間で違いがあった。

22　2019年2月21日付朝日新聞「延長は理解できない」。

23　2019年3月3日付産経新聞「体制刷新を議論すべきだ」。一方、JOCが全ての定年規程を撤廃するのではないかとの指摘について、2019年3月6日にJOC専務理事は「誤解を招いている」とし、過去には70歳を超えていたIOC委員が例外的に役員に選任されてきたとして、「今まで通りの慣例で問題なければ、それでもいいという話し」と述べた（2019年3月7日付読売新聞「竹田会長　定年超え再任か」）。

れに背く動きを見せるのは筋が通らない」[24]といった強い批判が相次いだ。「70歳を過ぎる他の JOC 幹部が東京大会まで今の地位にしがみつく狙いがある」との見方すらあった[25]。

　そして、ほとんど間を置かずに、JOC 会長の辞任は避けられないとの観測が急速に広がっていった。あたかも IOC、組織委、スポーツ庁（政府）による足並みを揃えた辞任不可避の包囲網が形成されたかのようであった[26]。2019年 3 月19日、疑惑に対する潔白のスタンスは崩さずに、JOC 会長は同年 6 月末での退任を正式に表明した。また、IOC 委員も近く辞任すると述べた[27]。

24　2019年 3 月 8 日付毎日新聞「竹田 JOC 会長の去就」。
25　2019年 2 月20日付日本経済新聞「首かしげたくなる JOC」。
26　JOC 会長辞任不可避の背景をめぐる一連の報道は以下のとおりである。「ブランドイメージを重んじる IOC は、役員の不祥事に敏感」であり、仏司法当局の捜査で IOC 委員でもある JOC 会長に疑惑が向けられると、IOC の態度は一変したという。表向き「推定無罪の原則を尊重する」と示しながら、JOC 会長を遠ざけた。組織委は、2019年 7 月の開幕 1 年前イベントへの参加を IOC 会長ら幹部に打診したが、疑惑を理由に断られたという（2019年 3 月16日付朝日新聞「竹田会長　埋まった外堀」）。また、退任の道筋をつけたのが IOC とする見方もあった。IOC からすれば、疑惑に神経質になる事情があり、それは、若者のスポーツ離れやドーピング（禁止薬物使用）などの不正で「五輪ブランド」が傷ついている事実である。五輪招致をめぐる汚職事件は2016年リオデジャネイロ五輪でも起きたばかりで、IOC はこれ以上、リスクを抱えることを拒んだという。JOC 会長は調査対象となって以降、海外での身柄拘束を危惧して国際会議を相次いで欠席せざるをえず、そのことも批判され始めていたという指摘がある（2019年 3 月20日付毎日新聞「外圧　竹田氏に引導」）。
　以下のようなこれまでの五輪におけるスキャンダルが、コンサルタントによる活動の余地を広げた点にも注意を払う必要があろう。たとえば、1998年長野冬季五輪では、過剰接待などが問題視された。2002年ソルトレーク冬季五輪では IOC 委員の内部告発で買収疑惑が発覚し、10人の IOC 委員が追放・辞任に追い込まれ、委員の立候補都市への訪問は禁止となった。このように各都市と委員との接触が制限されたことが、皮肉にも委員の趣味などに精通するコンサルタントが幅を利かす土壌となった、というものである（2019年 3 月20日付朝日新聞「竹田会長　耐えきれず」）。
　一方で別の指摘もあった。それは、JOC 会長の責任論が急速に高まった背景には、退任した場合のイメージ悪化は避けられないものの、五輪開催や運営への影響は限定的だとみられたというものである。2020年東京五輪大会まで500日を切った段階では、輸送、警備などの実務が中心で、トップレベルの交渉が必要な場面はほとんどなくなったとの指摘もある（2019年 3 月16日付日本経済新聞「竹田会長　退任へ包囲網」）。

6　スポーツの国策化とJOC

　その後、JOC会長の退任表明に至った事態を、とくに競技団体・統括団体の自立・自律機能や自浄作用の欠如、そしてスポーツ界と国との関係変容に焦点を当て、総括的に捉えようとする報道が続いた。

　まず、スポーツ界のここ数十年間の選手強化の環境整備とその成果としてのメダル獲得の増加数が指摘された。2001年には東京・西が丘に国立スポーツ科学センター、08年には味の素ナショナルトレーニングセンターが開所したことで、年間を通しての合宿や医療・リハビリのサポートが可能となった。そして、日本の夏季五輪の金メダル獲得は、1988年ソウル大会では4個、それ以降も3個、3個、5個にとどまっていたが、こうした環境整備の後押しを受けて2004年アテネ大会で16個に急増した。12年ロンドン大会、16年リオデジャネイロ大会でもメダル総数で過去最高を更新した、というものである。

　2011年にはスポーツ基本法が制定され、13年には東京五輪開催が決定し、スポーツ関連予算は増加し、とくにそのうちの強化費の増加が顕著であった（2019年度の国のスポーツ関連予算は350億円で強化費は100億円）。選手のプロ化が急速に進んだ一方、競技団体は、「ボランティア精神に頼んだ旧態依然の組織運営」から脱却できず、東京五輪でお金や注目が集まるスポーツ界でありながら、助成金不正受給やパワハラなどの問題に対応し切れていない現実が浮かび上がったというものである。そして、スポーツ界の総本山として真っ先に改革姿勢を示すべきだったJOCが、むしろ逆行するように定年延長を画

27　2016年9月に公表されたJOC調査チームによる「違法性なし」との報告書が潔白の根拠となっている。これに対して、疑念は残ったままで、東京大会に向け「火種」を抱えたままカウントダウンは進むという見方も示された。第三者委員会の調査が依頼者の意向をくんで「名ばかり」になっていないかを弁護士らで調べる「第三者委員会報告書格付け委員会」が、オブザーバーにJOC常務理事や東京都幹部が入っていることから「独立性・中立性」に問題があるという指摘がある（2019年3月20日付毎日新聞「外圧　竹田氏に引導」）。

策したのが致命的であった、と分析した[28]。

　2020年東京五輪を前に、強化や運営の国策化と政官界の力学の変化を指摘する声もあった。2015年のスポーツ庁発足後、国費を投じたスポーツの国策強化の色がますます濃厚になり、これまで一定の距離を保ってきた政官界の発言力や影響力が強まってきた。現実に組織委は官僚や政界出身者が占め、スポーツ界の影は薄く、JOC 会長辞任への圧力は、今回の機を捉えて硬直化した JOC の現体制の解体を進めようとの思惑があった、とする[29]。

　JOC の地位低下あるいは衰退を指摘する声も挙がった。その始まりは2014年の強化資金配分方法の見直しだという。JSC が資金配分の担い手となり、JOC は「決定過程に携わり、一部を配分できるものの、司令塔としての役割を国に譲った」のである。当時の強化資金配分方法の見直しは、競技団体の不正経理や不祥事と重なっていた。果たして JOC が「巨額の公金を的確に扱えるのか」といった国の不信感は以前から強かった。2018年に頻発した競技団体の不祥事で、国側の不信感は「加速」したにもかかわらず、JOC は「競技団体の自律性に任せる」との鈍い対応に終始した。しかもガバナンスコード策定作業でも主導権[30]を握ったのはスポーツ庁であった、とする[31]。

　JOC を無策の組織と見なす見解もあった。この30年間におけるスポーツ自体の社会的価値や影響の向上とは対照的に、「五輪スポーツは自立するどころか官への依存を強める一方」であった。国を挙げての支援がなければメダル争いなどできなくなり、2020年東京五輪に向けて、「国が統括団体など介さないで直接的に各競技に資金を配分、効果的に成果を得ようとする」の

28　2019年 3 月20日付日本経済新聞「竹田会長、6 月退任表明」。

29　2019年 3 月20日付下野新聞「『竹田降ろし』に政官の影」。

30　スポーツ庁が策定を進めたガバナンスコードも、「官主導で作らざるを得ない状況を招いたのはスポーツ界自身」（政府関係者）との指摘がある。さらに「JOC は旅行代理店でいい」と、選手派遣と強化を分離する動きや日本スポーツ協会との再統合も一部でささやかれ、そのトップには政治家の名まで上がっているという（2019年 3 月20日付産経新聞「スポーツ界　自立遠く」）。

31　2019年 3 月20日付朝日新聞「招致成功後　JOC 弱体化」。

が当然となった。JOC は、「強力なリーダーシップを発揮すべきだった」のにそれができなかったため、スポーツ庁がガバナンスコードの策定に乗り出す事態を招いたという[32]。

　そして、視点を国家に置いた上での競技団体に対する批判も展開された。すなわち、スポーツは国力の象徴であるとの認識が強まり、選手のみならず競技団体にも組織運営の「透明性」や「高潔性」など従前以上に高い規範意識が求められるようになった。ところが、相次いだ不祥事は、スポーツ界が意識の面でも組織運営の面でも、社会から取り残された存在であることを際立たせた。加えてスポーツ界は自浄能力を欠いた。スポーツ界は、ガバナンスコードの策定をスポーツ庁に全面的に委ね、理事の定年制や多数制限が盛り込まれると「競技団体の実情を反映していない」と批判した。

　1989年に JOC が日本体育協会（現日本スポーツ協会）から独立したのは、1980年のモスクワ五輪のボイコットを教訓に、政治に左右されない財政基盤と発言力を身につけることを理想に掲げ実現するためだった。しかし、自主・自立の気概は現在も驚くほど薄く、JOC が模範となるリーダーシップを示せなかったのは、「平成の負の遺産」にほかならない、と批判された[33]。

7　退任問題をめぐる責任の矮小化

　JOC 会長のみへ責任の所在を負わせたことに対する疑問を、招致活動の中身に踏み込んで捉えた以下のような見解もあった。すなわち、官民一体の「オールジャパン」で勝ち取ったはずの招致の責任を JOC 会長一人に背負わせるような幕引きに違和感が残るというものである。JOC 会長がフランス司法当局の捜査対象となったのは、招致委の代表である理事長職を務めたからだが、高額なコンサルタント契約に決裁したのは彼一人ではないはずであり、JOC の調査報告書によれば、契約の決裁には本人以外に少なくとも幹

32　2019年3月27日付日本経済新聞「戦略的視点欠く JOC」。
33　2019年5月13日付産経新聞「五輪成功の期待に応えよ」。

部3人が関与しているほか、招致委から相談を受けた広告大手の電通はBT
社との契約を「非常に有益」とお墨付きを与えていた、と述べる。

　加えて、招致委の理事会には多くのスポーツ関係者らが理事として名を連
ね、理事会に助言する評議会にはスポーツ界のみならず政財界など各界の重
鎮が顔をそろえていた。招致成功で「オールジャパン」の成果をうたうなら
ば、招致疑惑に無関心ではいられないはずで、独立性や中立性を確保し直し
た上の、再調査を求めるなどできることはあるはずだと強調する。

　また、退任に決定的な影響を与えたのがIOCであり、それが政官界やス
ポーツ界の同調圧力につながったのであるから、IOCが今回の件で部外者
であってはならず、IOCも疑惑の全容解明に乗り出すべきだとする。IOC
が「組織として責任を負わないように委員自らが手を引くような手」を打っ
たとすれば、JOC会長の辞任表明を「オリンピックムーブメント（五輪精神
を広める運動）を守るための素晴らしい決断」とのコメントするのは欺まんそ
のものだと批判する[34]。

　別の報道でも、招致疑惑を招致委員会のトップ（理事長）だった当時の
JOC会長の責任で片付けようとする動きを疑問視する。JOC幹部による発
言「会長一人の責任というのはあり得ない。当時はオールジャパンで招致し
たんだから」を紹介した上で、疑惑のコンサルタント会社の契約に深い関与
がうわさされる他の招致関係者の責任は問われないまま「臭い物にふた」で
幕引きしようとする流れを批判する[35]。

34　田原和宏「疑惑の全容解明が必要だ」（2019年4月4日付毎日新聞）。他にも招致委の責任を
　めぐって以下のような指摘がある。一連の疑惑の背景には、招致に失敗した2016年大会の影響
　がある。当時の東京五輪・パラリンピック招致委員会は、約149億円もの費用をかけながらリオ
　デジャネイロに敗れた。そのため20年大会の招致では、大手広告代理店が推薦したシンガポー
　ルのコンサルタント会社に2億円超を支払って「万全を期した」が、その一部が票の買収に使
　われたことが明るみに出た。招致委理事長が、その金がどのように使われるかを知らなかった
　としても、会社の素性や背後にいる人物を慎重に捜査するべきだった。16年大会の招致に失敗
　した焦りがあった、との指摘がそれである（2019年3月20日付東京新聞「彼一人の責任だろ
　か」）。

35　2019年3月20日付下野新聞「『竹田降ろし』に政官の影」。コンサル契約の判子を押したのは
　招致委理事長（JOC会長）以外に3人いた。2016年のJOCの調査チーム報告書によると、BT

　招致委の理事には、現組織委会長や現スポーツ庁長官が名を連ね、東京都やスポンサー企業からの出向者が実務を担当した。招致成功時は「政財界が一丸となり、オールジャパンで勝ち取った」と誰もが自賛したはずだという[36]。

　JOCの定年延長の話しがなぜ出てきたのか疑問視する報道もあった。五輪憲章ではIOC委員は出身国の五輪委員会（NOC）の執行機関で「投票権を有する」と定めている。憲章は各NOCの順守が前提で、JOCの定年規定など超越している。しかもIOCは17年9月、IOCでも定年となるJOC会長の任期を20年東京五輪まで延長することを決めていた。

　JOC会長は自動的にJOC理事会のメンバーに残れたのであり、わざわざ定年を延長する必要などなかったというものである。今回の動きの背景には、前述したようにJOC会長とともに地元五輪をJOC役員として迎えたい、70歳を超える一部幹部の願望があったのではと疑問を呈している[37]。

　仏当局が「退任は何ら影響を及ぼさない」と明言したように、JOC会長の退任判断は、保身が理由ではなく、五輪運動を広めるために、身を引くのが最善と考えたのでは、との推測もあった。そして、IOCに至っては、バッハ会長の任期中の大会はほぼ全てで、開催国による薬物不正や招致疑惑が噴出している。不正の構図に関わっていたのは、アフリカに影響力を持ち陸上競技を統括したIOC委員であるにもかかわらず、ここまでIOCは、関係者の辞任や職務停止をもって、一件落着を決め込むことが多かった。ま

　　社との契約について招致委幹部を後押ししたのは広告会社電通の関係者で、決裁には理事長のほか、招致委に出向していた文科省や外務省の官僚、都庁の役人が同席していた。官民を含む「オールジャパン」で承認した契約であったという（2019年3月20日付朝日新聞「竹田会長　耐えきれず」）。

36　2019年3月20日付東京新聞「イメージ悪化　耐えきれず」。JOC会長に不正疑惑の責任を押しつけて収拾を図るかのような周囲の世論醸成のムードには怖さを覚えたとの声もあった。「招致委全体の活動の透明性」が最重要であり、JOC会長は自身に着せられそうなぬれぎぬを晴らせばいいし、JOC調査チームの報告書で、疑惑のコンサルタントにお墨付きを与えたとされた「電通のスポーツ局における海外経験の豊富な役職者」に経緯を聴くべきとの報道もあった（稲垣康介「招致疑惑　竹田氏自ら解明を」（2019年3月21日付朝日新聞）。

37　2019年3月20日付日本経済新聞「世代交代のきっかけに」。

た、パリとロサンゼルス大会の開催決定で、夏季大会の招致を当面なくしリスクの芽を摘んだとする[38]。

　以上のように JOC 会長の退任はやむを得ないとの見方では一致し、しかし、責任の所在のあり方に疑問を投げかけている点において、いずれの見解も共通する。こうした推察が正鵠を得ているとすれば、後世に禍根を残す、責任論不在の JOC 会長の退任劇であった。

8　ガバナンスコード最終案へ

　2019年3月20日、スポーツ庁長官の諮問機関であるスポーツ審議会の検討部会は、ガバナンスコードにおける役員の在任期間について、「理事が原則として10年を超えて再任することがないよう再任回数の上限を設ける」などといった案を示した。ただし、国際競技団体の幹部となった場合などは例外を認めた。

　ガバナンスコード案のポイントは、①理事が原則として10年を超えて在任することがないよう再任回数の上限を設ける、②外部理事25％以上、女性理事40％以上の目標割合を設定する、③理事の就任時の年齢に制限を設ける、④代表選手や審判員の公平かつ合理的な選考に関する規定を整備する、⑤弁護士、公認会計士、有識者からなるコンプライアンス委員会を設置する、⑥通報制度を構築する、の6点であった[39]。

　ところが、同22日、理事の在任期間を原則10年以内とする案に対し、九つの競技団体がスポーツ庁長官に慎重な検討を求める要望書を提出した。要望書は陸上、水泳、スキー、バレーボール、卓球、柔道、ソフトボール、バドミントン、空手の各競技団体会長の連盟で、「組織運営に支障をきたす可能性もある」として、①理事全員ではなく代表理事など役職を限定した適用、②各競技団体の実態に沿って柔軟に対応できる旨を明記、③猶予期間の設

38　2019年3月26日付読売新聞「リスク切り捨ての風潮」。
39　2019年3月21日付日本経済新聞「理事任期『原則10年以内』」。

定、を求めた[40]。とくに②は役員の任期制限案の根幹を骨抜きにするもので
あった。

　これに対して、国（スポーツ庁）は、ガバナンスコードの目玉となる役員の
任期制限について、「適用に猶予期間を設けて押し切る構え」を見せ、最終
案をまとめた。国は任期10年は譲らない方針を取り、実績が評価されるなど
一定の条件を満たした役員は2023年度まで適用を猶予する緩和的措置を設け
て押し切ろうとした[41]。また、規定を順守した場合、各団体で現在の役員の
多くが退社を迫られ、2020年東京五輪、2022年北京冬季五輪を前に組織運営
が混乱する恐れを考慮し、各団体に再任回数の上限を定めた規定の整備を求
めた。

　最終案では競技団体の役員在任10年を超えても、当該の理事が、①国際競
技連盟の役職者である場合と、②代表理事、業務執行理事を務めることが不
可欠な特別な事情がある場合には、最大 4 年間の任期延長が可能となる例外
規定を固めた[42]。

　例外規定について、競技団体が競技愛好者のボランティア精神に支えら
れ、人的・財政的な基盤が脆弱な競技団体も少なくないとして、人材を確保
して態勢を整えるまで、規範の適用を猶予する配慮はやむを得ない[43]という
受け止め方が一般的であった。

40　2019年 3 月27日付読売新聞「理事任期10年に慎重な検討要望」。役員任期制限に限らず、たと
　　えば日本体操協会や日本フェンシング協会といった競技団体は、不祥事を受けてその運営方法
　　の刷新など、競技団体の新たな自律を目指した実践に着手しているように見受けられる。
41　2019年 4 月21日付毎日新聞「『役員10年』に競技団体異論」。ガバナンスコードの策定を契機
　　に、たとえば通訳や会計などの事務局機能を担うスタッフを、複数の団体で共同採用したり、
　　内部通報制度を一本化し、コストを削るとともに、経験を重ねることで対応力を向上させたり
　　といったように、競技団体が互いに意識しあう関係を築く好機にしてはどうか、といった指摘
　　があった（2019年 4 月 9 日付朝日新聞「発想転換し『近代化』を」）。
42　2019年 4 月23日付下野新聞「理事在任制限　24年度に適用」。
43　2019年 5 月 7 日付読売新聞「適正な運営で競技の振興を」。

9　自治の終焉へ向かうスポーツ団体

　本稿では、国主導のガバナンスコードをもたらした主要因として、団体間の協力の構築も含め競技団体自らが実のある運営指針を作成する姿勢も力量も欠いていたこと、この面でスポーツ統括団体が果たすべき競技団体へのリーダーシップが欠如していたこと、さらには、こうしたスポーツ界に対する国の不信感や危機感にもとづく行動などを、メディア（新聞報道）による批判などを把握・整理する形で提示してきた。

　JOC 会長の辞任問題は、国外では IOC、国内では政府・スポーツ庁や組織委といった、統括団体・競技団体の外部からの働きかけによって、政策変更が起こるメカニズムである「メタ政策」を想起させる[44]。また、そこにはJOC 会長の辞任表明に決定的な影響を及ぼしたところの、IOC、組織委、スポーツ庁があたかも一体となったかのような外在的・包囲的な影響力があった。

　そして、国主導のガバナンスコードの作成に絡み、メディアが展開した競技団体と統括団体に対する批判は、当初は JOC 会長を対象に展開された一方で、責任の所在をめぐり複数のメディアが共通して疑問を提示した事実も見逃せない。

　これまでの検証作業からとくに二つの点を指摘したい。一つはスポーツ団体ガバナンスコードの策定に、スポーツ統括団体や競技団体が積極的に関

44　日本文化政策学会理事の太下義之によれば、文化政策において、平成初期には貿易摩擦を背景に米国は日本に日米構造協議を通じて内需拡大を強く要求し、日本政府は、公共施設の設置によって内需を拡大しようと自治体に有利な条件での地方債の仕組みをつくった。これによって公共施設の建設ラッシュが生じた（一つ目のメタ政策）。また、著作権法改正によって平成末期の2018年12月に著作権の保護期間が「作者の死後50年」から70年へ延長された。ハリウッドやディズニーなど強力なコンテンツを持つ米国は、輸出先の国の保護期間が延長されれば、映画・音楽などの使用料収入が増えるため、かねて日本に繰り返し延長を求めており、日本外部からの強力な働きかけがあったと位置づけている（二つ目のメタ政策）（太下義之「文化政策『外の力』が左右」（2019年３月19日付朝日新聞）。

わった形跡がほとんど見られなかったという点である。スポーツ審議会の検討部会には統括団体幹部も加わったものの、とくに役員の任期制限をめぐっては抵抗勢力に止まったのではないか。

　統括団体こそがガバナンスコードの策定を主導すべきであった。予想される競技団体の反発に身動きが取れなくなったのであろうか。たとえ自力でのガバナンスコードの案作成が難しかったとしたら、なぜ弁護士、公認会計士、研究者といった当事者以外からなる有識者会議や第三者委員会[45]のような組織の協力を得られなかったのであろうか。そしてなぜ、こうした第三者組織は、統括団体を支援することなく、スポーツ議員連盟やスポーツ庁に寄り添うように、国の政策意向を下支えする役を演じたのであろうか。

　もう一つは、JOC会長退任につながった招致活動をめぐる贈賄疑惑の責任の所在について、組織（招致委）としての説明責任が完全に欠如している点である。なぜ、疑惑のコンサル契約の決裁に関わった文科省、外務省、東

45　競技団体の不祥事発生時にはJSCに第三者調査機関を設置したり、統括団体による競技団体に対する審査の際に「第三者」が直接関わったりする動きについて、スポーツ・アドミニストレーター（運営管理者）の河田弘道は、「近年はすぐ第三者委員会に判断を委ねますが、通常、調査対象に委員たちに報酬を払う人がいるので、公正中立な判断は下せ」ないとし、第三者委員会を「談合文化の新たな知恵」だと明言している。そして、「まずそれぞれの競技団体が役員の職責や違反行為があった時の処罰について細部を定め、各役員と契約をかわすべき」だと提言している（2019年2月2日付朝日新聞「競技団体役員　問えぬ責任　中立的な司法機関が必要」）。

　確かに、弁護士、会計公認士、学者といった有識者が「第三者」として常に公正・中立に競技団体や統轄団体の不祥事に向き合えるという前提には注意が必要かもしれない。有識者にとってもスポーツ界への関わりや参入、ひいては影響力行使は、仕事を通じて自らが切実に活躍したい場を自ら開拓する特性を持っており、不祥事対応が、自らの価値観を達成する絶好の機会到来となることも事実であろう。「風が吹けば桶屋が儲かる」といった単純・露骨な現象として顕在化しないからこそ、上記の河田の批判への真摯な応答が問われるように思われる。

　また、金融機関などの重大不祥事の調査を手掛けてきた弁護士の中村直人は、「第三者委員会は、3つの役割を同時に求められる。証拠から事実を認定する裁判官、何を調べるべきかを決める検察官、当事者の言い分も聞く弁護士だ」と述べる。そして、「調査の範囲自体も第三者委が決めるため、徹底的に調べる場合はタイムチャージで弁護士費用は高額になる。それをうまみがあるとみなす風潮はよくない。次の仕事につなげたいなどと考えれば依頼者との距離感を誤りかねない」と指摘する（2019年5月27日付日本経済新聞「第三者委は問題だらけ」）。

　ガバナンスコード案では、コンプライアンス委員会の設置と、この委員会には弁護士など有識者を含めると定められており、その意味では上述の懸念があてはまる事例といえる。

京都からの出向者 3 名や当時の電通スポーツ局の役職者は今日に至るまで沈黙を守っているのか。招致委の理事であった現組織委会長や現スポーツ庁長官は、なぜ自らが関わった「オールジャパン」で臨んだ招致活動をめぐる疑惑に対して説明責任を果たさないのか。

それは2020年東京五輪の開催に向けてこれ以上大きなマイナス要因を生み出せないという、IOC、国内の政官および統括団体・競技団体の強力な防御網が形成された結果ではないだろうか。責任が広がればひろがるほど、大会開催を支える複数の組織による準備活動の土台が崩され、五輪そのものが人々の離反の対象となってしまう恐れがある。国内外の「2020年東京五輪利害共同体」への傷口を最小限に抑えるためには、JOC 会長の辞任（とそれに続く IOC 委員の辞任）に責任を焦点化することが、共同体にとって最適な選択肢と判断したからではないか。

JOC 新会長が確実視されている JOC 強化本部長は、新会長に選ばれた場合、2019年 6 月の任期満了で退任する「現 JOC 会長の運営スタイルを継承する」考えを示した[46]。言葉どおりに受け止めれば、「良くも悪くも何もしなかった」との見方もされた現 JOC 会長と同じスタンスを取るだろうと理解せざるを得ない。また、先述した九競技団体によるスポーツ庁長官への要望書の内容は、ガバナンスコードの肝の部分である役員体制の見直しを骨抜きにするものであった。九つのうちの一競技団体（全日本柔道連盟）は、JOC 新会長を有力視される JOC 強化本部長の母体組織である。

さらに、JOC 内では現在（2019年 5 月）でも現 JOC 会長に対する擁護論が根強く、一部理事から現 JOC 会長の「経験を生かすことが、2020年東京五輪の成功に不可欠」との声が上がっており、JOC 名誉会長に押す声があるという[47]。

ガバナンスコードの策定プロセスにおける JOC・JSPO や競技団体の役割機能の欠如や政官とスポーツ統括団体・競技団体との関係変容に加え、こう

46　2019年 5 月 8 日付読売新聞「『山下会長』前提で役員選考」。
47　2019年 5 月23日付朝日新聞「『竹田名誉会長』を本格検討」。

した一連の動きは、これまで30年間、その実際はともかく、どうにか旗印として掲げ続けてきた自立、自律、自治が終焉に向かうスポーツ統括・競技団体の姿を示している。

第3章　大会経費という迷宮

1　大会経費の漠然性

　2020年東京オリンピック・パラリンピック大会（東京五輪）の準備が最終局面に入りつつある時期（2019年9月現在）となり、新国立競技場や各競技施設の整備、テスト大会の実施、チケットの販売、ボランティアの確保と研修、暑さ対策や交通渋滞対策、テロ対策、キャンプ地自治体の対応、出場選手の選考をめぐる話題の盛り上げ等開催機運の醸成、関連イベントの実施など、東京五輪の開催に向けたハード・ソフト面での準備が大詰めを迎えつつある。

　東京五輪への各セクターの向き合い方は様々である。公的セクター（各中央省庁や独立行政法人、公益財団法人などの関連団体、地方自治体など）[1]では、大会に関わる所管事業への参入の度合いや関心は多様である。私的セクター（企業）においても、スポンサー企業以外でも、東京五輪の経済波及効果を自らの利益追求に活かせるか否かの経営戦略上の判断に応じて、たとえば事業の入札に踏み切るか否かなど、関心や関与の仕方は異なる。そして市民セクター（諸個人、NPO、任意・地域・地縁団体、ボランタリー団体など）の場合、ボランティアの申請・参加に典型的に表れるように、とくに東京五輪（あるいは大規模スポーツ大会）への関心の度合いと関わり方のスタンス（受容的か能動的かなど）に応じて、様々な受け止め方に違いが生じている。

　しかしながら、大会開催まで1年を切った段階となると、大会への期待感

1　本稿では公的セクターとしての国について、文脈に応じて国、政府、内閣官房東京オリンピック競技大会・東京パラリンピック競技大会推進本部（推進本部）のいずれかで表記する。

や盛り上がりの雰囲気が、批判をかき消すかのように急速に醸成されることも事実である。上記いずれのセクターにおいても、東京五輪に対する否定・批判派、懐疑派、無関心派、静観・傍観派などは後方に退けられ、事業参入派、実践派、積極派、期待派など、いわば「盛り上げ派」ともいうべき組織・団体・個人などが、各種メディアの後押しを受けて、さまざまな情報媒体に頻繁に露出するようになっている。

　本稿ではこうした東京五輪開催前の特異な時期において、とくに大会の開催・運営に不可欠な原資である財源（とりわけ国の経費）[2]に注目して、これをめぐる国（政府、推進本部＝内閣官房東京オリンピック競技大会・東京パラリンピック競技大会推進本部）のあり方に焦点を当てる。まず次節において、五輪大会をめぐる財源や政府関与の特性、IOC（国際オリンピック委員会）の権限、政府の説明責任のあり方に関するいくつかの先行研究を把握・提示し、本稿の位置づけを行う。第3節において、当初からの経費圧縮の綻びといえる国と東京都の増額変更の事例を提示する。第4節では、国と都が負担し、東京五輪組織委員会（組織委）が発注する「共同実施事業」に注目し、この中身をめぐる「共同実施事業者管理委員会」の契約公表の状況を把握し、その問題点を探る。

　第5節では、東京五輪事業における国の負担額を検査対象とした2018年10月の会計検査院報告とそれに対する政府の対応について、会計検査院報告後、異例ともいえる早さで報告を「精査」し、検査院の指摘を実質的に反故にした政府対応の特徴を把握する。第6節では、大会経費1兆3500億円に固執する政府の苦肉の対応策を提示する。

　第7節では、2019年1月になって、それまで大会直接経費の修正を頑なに拒んできた政府がその姿勢を若干変えて、国の負担を2197億円と提示した点

2　経費の呼称について、本稿では「大会経費」を原則として大会の直接経費と間接経費を合わせた額として記載するが、新聞報道等の文脈から直接経費を指すことが明白な場合には記載を直さずにそのまま大会経費と記載した。また、同様に「間接経費」と「関連経費」については同義であるため各新聞報道等における記載をそのまま用いて、記載の統一はしなかった。

に注目する。ところが実際にはこの額のうち新国立競技場整備費・パラリンピック費以外は、従来から政府が国の負担だとしてきた1500億円の枠外であることがわかり、国の実際の負担は2880億円であると判明した。

　第8節では、2018年10月の会計検査院報告の要点を示し、報告内容における検査院の意図を明らかにする。会計検査院が、2017年11月の推進本部による「オリパラ基本方針」における二大基本方針と15分野に忠実に沿った形で、各分野における施策・事業に掛かった経費を、周到に時間をかけて算出したことを明らかにする。

　第9節では、とくに会計検査院と政府との大会経費をめぐる攻防もといえるやり取りから何が読み取れるのか、また、大会の直接経費と関連経費の捉え方をめぐる政府の姿勢について、これまでの検討から見出した八つの特質を挙げる。

2　五輪をめぐる経費、政府関与、説明責任

　グリックス（Jonathan Grix）らによれば、2012年ロンドン五輪の開催が決定した2005年以降、イギリスにおける「あらゆるスポーツ政策が、五輪レベルの競技スポーツ（エリート競技スポーツ）への関心で充満」するようになった。そして、五輪開催の決定は、それ以前にも進行していたスポーツ政策における政治化をますます加速化させ、スポーツの社会的影響への従来の関心から、スポーツのためのスポーツそのものへの関心への変化をもたらした。

　エリート競技スポーツはますます政治性を帯び、スポーツ政策を所管するイギリス文化省はその報告書「勝利のためのプレイ（Playing to Win）」において、エリートスポーツの卓越性をスポーツ政策のコアに位置づけ、強調するようになった。そして、エリートスポーツをどのように統治し財源化し展開するかといった課題が新公共管理論（New Public Management）における関心の的になった。

　こうしたガバナンス研究では、なぜ政府はエリートスポーツに対して投資

を行うのかについては説明されなかった一方で、利害関係者（stakeholders）との非対称かつ資源依存の関係を通じて、どのように政府は政策戦略を実施に向けるかが明らかにされた、と指摘する[3]。

　次に、ヒルボーデ（Ivon van Hilvoorde）らによれば、五輪は政府にとって国民のアイデンティティー、国家威信、国民一体化、国家への帰属意識を高めるための絶好のツールであり、そのことが政府によるエリートスポーツへの莫大な投資につながるという。こうした国家威信の向上とメダル獲得のためのスポーツ予算の増額とは結びついており、たとえばメダルの獲得は政治や国際社会の文脈において重要な意味を持ち、「国家の成功（national success）」をめぐる一つの尺度（benchmark）となるという[4]。

　そして、カッセンズ・ノア（Eva Kassens-Noor）は、IOC の有する制度的権限の強さと開催都市に及ぼす影響力の大きさに注目する。招致の段階からIOC は候補都市に対して明確にあるいは示唆的に条件を課す。IOC の要求は候補市にとっては「最高級の規則（golden rules）」であり、その中には莫大な投資も含まれるとする[5]。

　さらにサンディー（Robert Sandy）らは、政府がスポーツに向き合うスタンスは動揺する傾向にあり、当該スポーツ経済活動が他の経済活動と同様であるのか、あるいはその経済活動が特別なケースであるかによって、政府の関与の度合いは大きく異なるという。政府は大規模スポーツ大会の開催については、後者すなわち、その外部性（externalities）を重視し、招致段階から競技場建設など相当な資源を投入して開催都市やスポーツ競技団体などを支援する、と指摘する[6]。

3　Jonathan Grix and Fiona Carmichael, "Why Do Governments Invest in Elite Sport? A Polemic," *Sport Politics, Volume 3,* Jonathan Grix ed. (SAGE Publications Ltd, London, 2016), pp.189-192.

4　Ivon van Hilvoorde, Agnes Elling and Ruud Stokvis, "How to Influence National Pride? The Olympic Medal Index as a Unifying Narrative," *Sport Politics, Volume 3,* Jonathan Grix ed. (SAGE Publications Ltd, London, 2016), pp.224-225.)

5　Eva Kassens-Noor, *Planning Olympic Legacies, Transport Dreams and Urban Realities,* (Routledge, Anbingdon, 2012), p.9.

　以上のような先行研究から得られる問題意識として、第1に、2020年東京五輪においてもロンドン五輪のような特性を有した政策メカニズムが出現したとすれば、そのメカニズムが財源（大会直接経費や関連経費）の体系や構造にどのような影響を及ぼし、そこにはどのような特徴が見られるのかという点が挙げられる。第2に、「国家の成功」に向けた政策の実施は、五輪開催に掛かる経費の削減や節約をいとも簡単に凌駕してしまい、目的達成のためには経費に糸目をつけない増額現象が常態化するのではという問いである。そして第3に、政府からすれば五輪は、その外部性、すなわち、スポーツ大会そのもの以外の効果が大きく見込まれる実に魅力的な果実ということになる。政府が前のめりにならざるを得ない五輪の開催とIOCが有する開催国政府、開催都市、組織委、スポーツ競技団体に対する絶対的な権限の強さが合わさった場合、その影響は大会経費の中身やその見せ方にも決定的な影響を及ぼすのでないかという点である。

　説明責任（accountability）について、マーク・コンシダイン（Mark Considine）は、「決定、プログラム、介入によって影響を受ける正当な利害関係者に対して応答しなければならない法的義務」と定義し、広範な諸課題の中枢に位置するものであり、個々人に影響を及ぼすところの公金の支出や公的権限の行使の際の保護義務や必要条件が説明されなければならないと指摘する。説明責任は、権力を行使すると同時にコンプライアンスに従う国家アクターの存在と結びついているという。そして、とくに現代では説明責任を単一ではなく多元的なレベルを伴う問題として捉える必要があり、その対象は、結果に対しての責任を共有する諸アクター間での体系的相互作用に焦点が当てられるようになっているとする。

　続けて、とくに水平的説明責任（horizontal accountability）の概念では、共同で権限を付与された諸アクターと諸機関（institutions）との間の関係性や、権限を付与された諸セクターと公的サービスを実施する民間事業者（私的セ

6　Robert Sandy, Peter J. Sloane, Mark S. Rosentraub, *The Economics of Sport, An International Perspective*, （PALGRAVE MACMILLAN, 2004）. p.302.

クター）との関係性が座標軸における議論の俎上に載るとする。行政と民間企業との間の「ファジー（fuzzy）」な境界や委任契約の重複が、水平的な座標軸における病的（pathological）な摩擦を生み出す可能性がある。しかし、一方でポジティブな方向に向かう可能性や、関係組織の任務の重複がリスクを軽減させる可能性があると強調する[7]。

　コンシダインの説明責任の観点は、まさに本稿で取り扱う組織委、国、都の関係性、さらには関連企業や自治体、五輪事業に何らかの関係性を持つ団体や人々、さらには IOC や国外の競技団体などとの関係性をいかに説明できるか、が重要であることを示唆している。

3　大会経費をめぐるミクロ変動

　まず、大会経費全体からみれば部分要素（ミクロレベル）ではあるものの、施設整備における四つの経費増額の事例を挙げる。一つ目は、新国立競技場についての会計検査院の指摘によって、総工費が膨らんだ旧計画が白紙化され、無駄になった支払いが計約68億円に達したことと、都が新国立競技場建設の負担分の経費約395億円を、事業主体の日本スポーツ振興センター（JSC）に支払っていないと判明したことである[8]。

　二つ目に、旧国立競技場の解体費用について、当初の55億円から、新たに見つかった地中障害物の撤去などで82億円に増え、さらに水道工事の工法変更で約20億円がプラスになる見通しとなった点である。また、設計・監理費を含めて1590億円が上限として定められた新国立の整備費についても、共同企業体（JV）が賃金や物価の変動を反映した増額請求をするに至った[9]。JSCは、増額分47億円のうち、約10億円は国や都との分担対象経費になり得ると

　7　Mark Considine, "The End of the Line? Accountable Governance in the Age of Networks, Partnerships, and Joined-up Services," *Public Governance Volume 4*, Mark Bevir ed., (SAGE Publications Inc., London, 2007), pp.177-195.
　8　2018年10月5日付下野新聞「新国立、都が負担金未払い」。
　9　2018年8月4日付日本経済新聞「旧国立解体費、27億円増」。

説明している[10]。

　三つ目に、日本武道館の改修費について、都が大会経費の「枠外」として約25億円を支出することがわかった。武道館では、練習施設の増設やバリアフリー化工事などが行われ、その改修費のうち都は約25億円を補助するというのがその内容である。また、都が支出する有明体操競技場の整備費は、招致段階では89億円とされたが、耐震性の確保などを理由に約250億円にまで拡大した[11]。

　以上のように、国は、旧計画の白紙化に伴う損失額や解体に伴う状況変化（地中障害物撤去や水道工法変更）、施設増設や耐震工事などに直面したことがわかる。

　四つ目に国の負担について、直接経費にも関連経費にも含まれていない事業費があるとの指摘がある。国は国立代々木競技場、日産スタジアム（横浜国際総合競技場）、福島県営あづま球場の三施設の改修に243億円を負担する。243億円の内訳は、国立競技場が180億円（五輪の会場基準を踏まえたバリアフリー化、耐震工事、老朽化した設備の更新）、あづま球場10億円、日産スタジアム53億円（両施設ともにバリアフリー化や照明機器の改修など）であるが、この額が大会経費にも関連経費にも含まれていないというものである[12]。

4　共同実施事業をめぐる契約の非公表

　これまで、1兆3500億円（組織委負担6000億円、都負担6000億円、国負担1500億円）が大会直接経費とされてきている。このうち3分の1を占めるのが共同実施事業であり、対象は輸送や警備、仮設会場整備などで、発注や契約は組織委[13]が都や国に代わって行う。発注する事業は、都、組織委、国の担当幹

10　2018年8月4日付東京新聞「新国立整備　47億円増」。
11　2018年12月4日付読売新聞「五輪費枠外で武道館改修」。
12　2019年4月28日付東京新聞「五輪経費から3会場除外」。
13　組織委は、東京大会の準備・運営のため、都と日本オリンピック委員会（JOC）が出資して設立した公益財団法人である。スポンサー料などの民間資金で運営し、元首相をトップに都や

部による「共同実施事業管理委員会」が中身やコストをチェックするとされている。会議は非公開で、契約後に都や組織委は会議の資料や議事概要をホームページで公表している。スポンサー企業との随意契約については、事業名や金額など非公表となっている[14]。

　2018年度の発注額は1800億円であるが、このうちスポンサーとの随意契約総額622億円（選手村での顔認証による入退管理業務や仮設電源サービスなど計38件）については、個別の契約額が非公表扱いとなっているという。組織委はこの点について、契約先とは秘密保持契約を結んでおり、「事業運営上の地位が損なわれる」との理由で全面非公表としていたが、都議会から批判を受け、2019年1月から契約件名と契約先を公表することとなった。組織委が個別の契約額を非公表とする理由について、「スポンサー企業には、五輪のために安い単価で請け負ってもらっている。契約額が明らかになれば、スポンサーが通常の取引で不利益を被る可能性がある」と説明する[15]。

　共同実施事業管理委員会[16]は、2017年5月31日開催の関係自治体等連絡協議会における合意にもとづいて都、国、組織委によって設置された（委員長は都副知事、副委員長は組織委副事務総長、その他に内閣官房やスポーツ庁からも委員に）。「共同実施事業管理委員会設置要綱（案）」には、「コスト管理・執行統制等の観点から、三者間において、組織委員会による各種取組等について確認の上、必要に応じて指摘を行う」などとある[17]。その役割は、①コスト管理と執行統制の強化、②各種取組のチェック、③協議と調整の場、④実施状

　　民間、国からの出向者で構成される。スポンサー企業は現在71社で、組織委に協賛金を支払う代わりに東京大会のロゴマークを使って広告を展開したり、関連イベントに参加できたりする条件となっている（2019年1月24日付東京新聞「五輪事業　契約非公表」）。

14　2019年1月26日付東京新聞「密室事業に4050億円『白紙委任』」。

15　2019年5月28日付東京新聞「五輪費内訳　620億円非公表」。

16　2020年東京五輪組織委員会HP「共同実施事業管理委員会」（2019年10月現在）。https://tokyo2020.org/jp/organising-committee/structure/managementcommittee-collaborative-projects/

17　同HP「共同実施事業管理委員会」（第1回）2017年9月7日の資料2「共同実施事業管理委員会設置要綱（案）」（2019年10月現在）。

況の確認、となっている[18]。

　委員会では、とくに競技会場を対象にCVEを強調する。CVEとは、「整備条件を満たしつつ過剰な仕様を排除したり効率的な整備についての技術提案を行う通常のバリューエンジニアリング（VE）に加え、整備の前提となる条件（Condition）を含んだ聖域なし見直しの取組」だとされている[19]。

　ただ、管理委員会の開催について、第3回（2017年12月22日）、第4回（2018年3月27日）、第5回（同年3月30日）、第7回（同年9月28日）、第8回（同年12月14日）、第11回（2019年4月10日）、第13回（同年7月23日）が「持ち回り」となっているのと、管理委員会下部の東京都作業部会について、HPへの資料掲載は2018年12月18日の第21回作業部会までで止まっている。また、第13〜15回、第17〜20回については「掲載準備中」となっている（2019年9月現在）。こうしたことから、国と比べて負担額が圧倒的に多い都が、巨額な経費を取り扱う共同実施事業をめぐる膨大な実務作業ゆえに、その報告資料の作成・掲載に苦慮している状況が窺える。

　一方で都は、2019年度予算案の中で、会場整備などの直接経費に2720億円、都内の輸送インフラ整備など関連経費に2610億円を計上しており、前者の直接経費の相当額は共同実施事業費にも含まれていると推測される。

　2019年度の都の東京五輪の直接・関連経費予算（案）では、大会の直接経費（2720億円）と関連経費（2610億円）がほぼ同額となっている。各々の内訳は、直接経費が恒久施設整備1211億円、仮設施設整備965億円、関連経費が無電柱化推進、遮熱性舗装など道路の高機能化920億円、環状2号線などの輸送インフラ整備・セキュリティ対策590億円、都市のバリアフリー多言語対応など270億円となっている[20]。

18　同HP「共同実施事業管理委員会」（第1回）2017年9月7日の資料1「共同実施事業管理委員会　設立趣旨（案）」（2019年10月現在）。

19　同HP「共同実施事業管理委員会」（第6回）2018年5月9日の資料7「効率化の追求について」）（2019年10月現在）。

20　2019年1月26日付産経新聞「五輪手厚く　5330億円」。

5　会計検査院報告と政府

　2018年10月4日に会計検査院は、東京五輪の国の支出は8011億円とする報告を行った。国の負担は1500億円であるとの認識が一般に定着していただけに、検査院の報告は関係者に衝撃をもって受け止められた。ところが、政府は10月4日の検査院報告を受けて同月30日に検査院報告に応答し、その中で国の五輪支出は1725億円と主張した。以下、検査院報告の内容と五輪推進本部の応答のポイントはどこにあるのか、新聞報道をもとに把握する。

　会計検査院によれば、8011億円というのは、2013〜17年度までの5年間に国が支出した286事業の大会関連経費である。なお、検査院は18年度以降も多額の支出が見込まれる点も指摘した。施策別で多額なのは「暑さ対策・環境問題への配慮」の約2322億円、「アスリート、観客らの円滑な輸送および外国人受け入れのための対策」の約1629億円などであった。国の負担分1500億円以外にも、競技場周辺の道路輸送インフラの整備（国土交通省）やセキュリティ対策（警察庁）、熱中症に関する普及啓発（環境省）などの約280事業に対し、約6500億円が使われていたとした[21]。

　国の経費負担についての説明はこれまで組織委が担ってきたが、今後は推進本部が行うべきであり、国、都、組織委の三者がそれぞれの責任範囲で国民と都民に説明すべきである、との指摘があった[22]。

　2017年末に発表された大会経費1兆3500億円は大会直接経費を指し、たとえば、新国立競技場など新たな競技施設の建設のほか、ビーチバレーなど大会後に撤去する仮設の競技会場、運営用のプレハブテントなどを含めた会場整備費がハード面の費用となる。選手村と競技会場などの間を輸送するためのバスや自動車の借り上げ、民間ガードマンによる警備、開閉会式などはソ

21　2018年10月5日付産経新聞「五輪パラ　国8011億円支出」及び2018年10月5日付朝日新聞「五輪経費「国支出8000億円」。

22　2018年10月8日付下野新聞「国は分かりやすく説明を」。

フト面の大会運営費として試算された。IOC の意向に加え、整備費が膨張して、国民の批判を受けて計画を見直した「新国立競技場の二の舞いを避けるため」に、組織委はこれまで大会経費を絞り込んで公表してきた。

　会計検査院は国が直接経費の対象外としていた具体例として、ハンドボールや車いすラグビーなどの競技会場となる国立代々木競技場の改修整備費80億円、新国立競技場建設の通信機器や映像装置などの整備費27億円を挙げた。国が担う反ドーピング対策費10億円の大部分や、総務省がサイバーセキュリティ対策として、組織委の職員らを対象に行った演習費用といった、国が対象外とした経費も見逃さなかった。また、国のこれまでの説明には、東京都外に会場がある8道県の関連経費（補助金）が含まれていないと指摘されたのである[23]。

　こうした会計検査院の報告に対して、新聞報道によれば、政府は10月30日に「対象事業を精査した調査結果」を発表し、「A：大会の準備、運営等に直接的に関連する事業」「B：大会に直接資する金額を算出するのが困難な事業」「C：大会との関連性が比較的低い事業」に区分けした上で、A は約1725億円と結論づけた（表1参照）。一方で、予算編成段階だけでなく、決算段階でも支出額を集計し、毎年度、公表する方針に改めるとした。こうした政府の対応に対して、会計検査院は、招致活動時から巨額の予算が変動するあやふやさと、「公金をどう使ったか」についてのこれまでの説明不足を指摘した[24]。

　また、会計検査院がブラックボックスと指摘した国の支出の区分けこそ示されたが、18年度以降の支出や地方自治体を含めれば、大会全体で3兆円規模の費用がかかる点では変わりないとし、政府の対応はあくまでも会計検査院の指摘に答えたに過ぎないし、18年度以降の実像ははっきりしない、との批判もあった[25]。

23　2018年10月15日付毎日新聞「五輪経費　線引き困難」。
24　2018年10月31日付産経新聞「国の五輪支出は1725億円」及び2018年10月31日付朝日新聞「国の五輪経費支出『1725億円』」。

表1　大会推進本部が精査した「8011億円」の主な内訳
（2013年11月から2018年10月まで）

A：大会の準備、運営等に直接的に関連する事業（53事業、1725億円）
・新国立競技場整備費　744億円
・東京パラリンピック開催費　300億円
・競技力向上事業　250億円
・メダル有望競技への包括的支援事業　121億円
B：大会に直接資する金額を算出するのが困難な事業（208事業、5461億円）
・首都高や国道整備費　1390億円
・電気自動車など購入補助費　569億円
・海外での日本語普及事業　198億円
C：大会との関連性が比較的低い事業（29事業、826億円）
・気象衛星の打ち上げ・運用費　371億円
・障害者就業支援等事業　284億円

資料：2018年10月31日付産経新聞「国の五輪支出は1725億円」及び2018年10月31日付朝日
　　　新聞「国の五輪経費支出『1725億円』」から作成。金額は予算ベース。

　この時、推進本部は参考資料として、「会計検査院の報告書における支出額100億円以上の事業一覧」を作成し、各々の判断結果を以下の表2のように提示した。そして表の注において、この18事業の支出額合計が6021億円となり、会計検査院指摘の支出総額8011億円の約75％に達していると記載した。

　表3は、表2最上項目の道路整備事業について、事業概要、東京大会との関連性、区分説明を記載したものである。

6　1兆3500億円への固執

　大会経費の調査報告公表1か月半後の2018年12月には、組織委、都、国の大会直接経費の予算総額が1兆3500億円（不測の事態に備える予備費1000億〜3000億円は除く）と総額で変更のないことがわかった。あくまでも大会にかかる直接経費との考え方から、国は検査院の指摘を反映しなかった。最新版の

25　2018年10月31日付毎日新聞「国『五輪直接支出1725億円』」。

表2　会計検査院報告における支出額100億円以上の事業一覧と区分（2013〜17年度）

事業名	支出額 （億円）	区　分
首都高速中央環状線品川線・晴海線、一般国道357号線・14号、臨港道路南北線の整備	1390	B
新国立競技場の整備	744	A
クリーンエネルギー自動車導入事業費補助金	569	B
燃料電池の利用拡大に向けたエネファーム等導入支援事業費補助金	448	B
気象情報に係る予測精度の向上及び充実	371	C
東京パラリンピック競技大会開催準備	300	A
障害者就業・生活支援センター事業	284	C
訪日プロモーション授業	255	B
競技力向上事業	250	A
燃料電池自動車の普及促進に向けた水素ステーション整備事業費補助金	222	B
海外日本語事業	198	B
地域の公共交通ネットワークの再構築（鉄軌道事業者）	195	B
水素利用技術研究開発事業	180	B
無電柱化の推進	150	B
文化芸術交流事業	124	B
ハイパフォーマンス・サポート事業	121	A
アジア文化交流強化事業	113	B
水素社会構築技術開発事業	106	B

資料：内閣官房大会推進本部事務局「会計検査院報告の指摘を踏まえた調査結果について」（2018年10月30日公表資料）から作成。網掛けはA判定とされた事業。

表3　道路整備事業をめぐる政府の説明

事業名	事業概要	東京大会との関連性	区分説明
首都高速中央環状品川線・晴海線、一般国道357号・14号、臨港道路南北線の整備	首都高中央環状品川線・晴海線、環状第2号線、一般国道（357号・14号）の整備を推進することにより、渋滞緩和等を図る。臨港道路南北線の整備により、コンテナ車両等の混雑を緩和し、背後圏との円滑な交通ネットワークを確保	一般国道や環状第2号線等は、立候補ファイルにおいて「計画されている輸送インフラ」に位置づけられている。臨港道路南北線は、大会関係者の輸送ルートとしても利用予定	大会の招致以前から長期的に計画・実施されている事業。様々な利用者が利用する道路であり、大会の準備、運営等に特に資する金額の算出は困難

資料：上記表2と同じ。

予算には、輸送や警備など、2017年12月の時点では不明確だった大会運営費の見積もりを反映した[26]。

　その内訳については、表4のようになる。

　計画の具体化に伴って輸送費やボランティア経費など増えた分には、新たな需要に備える調整費を充てるなどして、2017年末に公表した第2弾予算（V2）と同額を維持したという。組織委負担分の輸送費（350億円）が最も増えたのは、選手ら大会関係者を競技会場へ運ぶルートなどが決まったことで計

表4　2020年東京五輪の大会経費（見直し後の予算案）

項　目	組織委	都	国	合　計	増　減
ハード（会場整備関係）	1800(400)	4900(200)	1400(200)	8100(800)	0
恒久施設	–	2250	1200	3450	0
仮設等	950	2100			0
エネルギーインフラ	150	250	200	4650	0
テクノロジー	700	300			0
ソフト（大会運営関係）	4200(200)	1100(100)	100(100)	5400(400)	0
輸送	350	250			100
セキュリティ	200	750			0
オペレーション	1050	100			50
管理・広報	650	–	100	5400	50
マーケティング	1250				0
その他	350	–			▼50
調整費	350	–			▼150
計	6000(600)	6000(300)	1500(300)	13500(1200)	0

注：単位は億円。▼はマイナス。かっこ内はパラリンピック経費。この他に予備費1000億円〜3000億円がある。網掛けはハード・ソフト及び合計の経費。
資料：2018年12月22日付毎日新聞「五輪経費1兆3500億円」より。

26　2018年12月15日付朝日新聞「東京五輪・パラ　予算1兆3500億円のまま」。なお、政府が同月21日に閣議決定した2019年度予算案では、スポーツ関連予算は18年度当初から10億円増の350億円となり、このうち強化費にあたる競技力向上事業が初めて100億円を超えた。強化費は18年度比4億円増の100億4700万円で、このうち五輪競技に79億円、パラ競技に21億円が充てられた（2018年12月22日付日本経済新聞「スポーツ強化費　100億円」）。

画を見直し、100億円増となったからであり、一度に多くの人が乗車できる
ように大型車に変更するなど輸送の効率化も図ったという。また、交通費相
当で1日1000円の支給が決まったボランティアを含む管理・広報費が50億円
増した。猛暑の中で食品を冷やし、安全に運ぶためのオペレーション費も50
億円増額となった[27]。

　この第3弾予算（V3）には、酷暑対策や聖火リレーの追加経費は盛り込ま
れておらず、今後、経費が膨らむ可能性があると指摘された。第2弾予算
（V2）の総額1兆3500億円を超えないことが大前提とされた背景には、世界
的な招致熱の冷え込みを懸念するIOCが経費削減を最重要課題に位置づ
け、組織委に費用抑制を強く要請したことがあった。

　その結果、V2の予算総額と同額を維持できた理由の説明が不明瞭となっ
た。たとえば、日本武道館の改修費約25億円が新たに計上されたが、恒久施
設費の総額は変わらなかった理由を、都の担当者は「一括注文や市販品の活
用で節減し、総額を抑えた」と説明した。これでは細目の金額の増減が非公
表のままであり、詳細の把握ができないとの指摘があった[28]。また、V3では
直接の運営とは別の「関連予算」のメドはまったく示されず、会計検査院の
指摘に対する「ゼロ回答」との批判もあった[29]。

7　国負担の増額

　2019年1月29日に政府は、2013～19年度予算案に計上した2020年東京五輪
関連の費用を総額2197億円と発表した。その内訳は、競技力強化費1010億
円、新国立競技場整備費517億円、パラリンピック経費300億円、セキュリ
ティ費214億円、その他（ドーピング対策費、暑さ対策費、輸送対策費など）156億
円であった。

27　2018年12月22日付毎日新聞「五輪経費1兆3500億円」。
28　2018年12月22日付朝日新聞「五輪経費『圧縮ほぼ限界』」。
29　2018年12月22日付朝日新聞「五輪　全経費とビジョン示して」。

　政府の説明によれば、これまで16〜18年度分（1127億円）は公表していたが、新たに19年度予算案（322億円）と18年度補正予算案（63億円）を加え、大会開催が決まった13年度から15年度の未公表分計685億円も合算して集計したという。

　2197億円のうち、新国立競技場整備費517億円とパラリンピック経費300億円を除く、1380億円は、国の大会経費（国負担分）1500億円の枠外の経費とされた。国の実質的負担額（直接経費と関連経費の合計額）は2880億円に上ることとなった。今後、19年度の補正予算や20年度当初予算の計上があるので、さらに負担が膨らむことになるとみられた。

　元々、国が負担すると決まっていたのが、新国立競技場の整備費とパラリンピックの開催準備費の1500億円である（新国立競技場1200億円、パラリンピック300億円）。これ以外に、競技力強化やテロ対策などの1380億円が「関連費」とされた。

　政府は18年10月の会計検査院の報告を受け、16年度以降に毎年、「大会運営や機運醸成、大会成功に直接資する」各省庁の事業の予算額を集計していたのを、今回は東京大会の招致が決定した13年度までさかのぼって算出したことになる。

　組織委が18年末に公表した東京大会の総予算額は1兆3500億円であり、これ以外に、東京都は五輪関連費として8100億円を見込んでいた。今回国の関連予算1380億円が判明したため、それぞれが公表する数字を合わせると、総経費は2兆2980億円という計算になる。

　さらに政府説明によれば、今回も「予算段階で区分けするのは難しい」として、18年10月末に区分けした（B）項目（首都高速などの道路整備など大会の関連と行政サービスとの線引きが難しい支出5461億円）と（C）項目（暑さ対策に含まれる気象衛星の打ち上げ費など大会との関連性が比較的低い支出826億円）の集積を見送っており、実像は見えてこなかった。

　加えて会計検査院の試算が決算ベースなのに対して、今回は予算ベースで、対象年度も異なるため、比較も難しい結果となった。会計検査院は「引

き続き検査し、区分けを含めて予算の執行が適切かどうか判断したい」とした[30]。

　この間、都の負担する間接経費8100億円についての指摘がなかったわけではない。都は19年度予算案に、直接経費として2720億円、間接経費として2610億円の計5330億円を計上した。たとえば、都は晴海地区（中央区）の選手村に道路を通すなどの基盤整備事業を間接経費としている。その他にも東京体育館改修、五輪旗などを商店街に配る事業、微細ミスト設置などの暑さ対策事業も間接経費とされている。一方で、五輪とは関係が薄そうに思われる無電柱化の推進や、ラグビー・ワールドカップの盛り上げが間接経費に計上されている。大会に向けてホテルや飲食店を分煙化するための補助事業や、五輪にちなみ五大陸の学生を招くシンポジウムは、直接経費にも間接経費にも含まれていない、との指摘があった[31]。

8　　会計検査院による問題提起[32]

　2018年10月４日、会計検査院は「東京オリンピック・パラリンピック競技大会に向けた取組状況等に関する会計検査の結果について」と題する報告書を公表した。以下、会計検査院が東京五輪経費をどのように捉え、把握・整理したのかをまとめる。

　会計検査院は、2015年６月に設置された内閣官房大会推進本部（事務局）が同年11月に公表した「オリパラ基本方針」の枠組、すなわち、二つの二大基本方針である「大会の円滑な準備及び運営」と「大会を通じた新しい日本

30　2019年１月30日付下野新聞「五輪関連予算に2197億円、2019年１月30日付毎日新聞「国の予算2197億円」、2019年１月30日付朝日新聞「五輪　国の負担2880億円」、2019年１月30日付東京新聞「五輪の国負担8700億円超」。

31　2019年１月26日付東京新聞「五輪『間接』経費　あいまい」。

32　本節は、会計検査院「東京オリンピック・パラリンピック競技大会に向けた取組状況等に関する会計検査の結果について：会計検査院法第30条の３の規定に基づく報告書」（2018年10月）の内容にもとづいて作成した。

の創造」の15分野（前者が8分野、後者が7分野）に沿って、東京五輪の経費の検査対象とした。会計検査院作成の表では「各府省等が実施する大会の関連施策の概要」とあり、「関連」が記載されているが、前者を大会の直接経費、後者を間接経費と捉えるのが妥当だと思われる。会計検査院は、前者については45施策、後者については70施策を設定した（表5参照）。

　検査院は、各府省等が大会関係予算を、「①大会の運営又は大会の開催機運の醸成や成功に直接資すること」と、「②大会招致を前提に、新たに又は追加的に講ずる施策であること（実質的な施策の変更・追加を伴うものであり、単

表5　会計検査院による大会経費をめぐる直接経費と間接経費の整理（15分野70施策）
●「大会の円滑な準備及び運営」に資する大会の関連施策（直接経費）5879億1300万円

分野1　セキュリティの万全と安全安心の確保（10施策）185億1100万円
1．セキュリティ対策検討・推進体制の整備 2．未然防止のための水際対策及び情報収集・分析機能の強化 3．大会運営に係るセキュリティの確保 4．警戒監視、被害拡大防止対策等 5．NBC（核・生物・化学物質）テロ対策の強化 6．サイバーセキュリティ確保のための取組の推進 7．首都直下地震対策の強化 8．避難誘導対策の強化 9．感染症対策の推進 10．食中毒予防策の推進

分野2　アスリート、観客等の円滑な輸送及び外国人受入れのための対策（13施策）1628億5200万円
11．出入国審査の円滑化 12．CIQ（出入国審査・税関・検閲）体制の強化等 13．首都圏空港の機能強化 14．空港アクセス等の改善 15．道路輸送インフラの整備 16．大会開催時の輸送 17．多言語対応の強化 18．無料公衆無線LAN 19．宿泊施設の供給確保に向けた対策 20．医療機関における外国人患者受入れ環境整備 21．外国人来訪者等への救急・防災対応 22．国際都市にふさわしい景観創出等のための無電柱化の推進 23．外国人を含む全ての大会来訪者がストレスなく楽しめる環境整備

分野3 暑さ対策・環境問題への配慮（3施策）2321億7300万円

24. 環境配慮の推進
25. 分散型エネルギー資源の活用によるエネルギー・環境課題の解決
26. アスリート・観客の暑さ対策の推進

分野4 メダル獲得へ向けた競技力の強化（4施策）615億4400万円

27. 競技力の向上
28. 強化・研究拠点の在り方
29. 自衛官アスリートの育成及び競技力向上
30. 射撃競技における競技技術の向上

分野5 アンチ・ドーピング対策の体制整備（1施策）10億700万円

31. 国内アンチ・ドーピング活動体制の整備

分野6 新国立競技場の整備（1施策）744億100万円

32. 新国立競技場の整備等

分野7 教育・国際貢献等によるオリンピック・パラリンピックムーブメントの普及、ボランティア等の機運醸成（4施策）65億9100万円

33. Sport for Tomorrow プログラムの実施（4施設）
34. 国内のオリンピック・パラリンピック・ムーブメントの普及
35. スポーツ・文化・ワールド・フォーラムの開催
36. Special プロジェクト2020の実施

分野8 その他（9施策）308億3000万円

37. 記念貨幣の発行検討
38. 大会協賛宝くじ・記念切手の発行検討等
39. 記念自動車ナンバープレートの発行
40. 知的財産保護の在り方検討
41. 式典等大会運営への協力検討
42. 建設分野における外国人材の活用に係る緊急措置
43. 大会に向けた各種建設工事における安全確保
44. 大会期間中に使用される無線局の円滑な運用の実現
45. 東京パラリンピック競技大会開催準備

● 「大会を通じた新しい日本の創造」に資する大会の関連施策（間接経費）2130億1800万円

分野9 被災地の復興・地域活性化（4施策）8億6600万円

46. 被災地と連携した取組の検討
47. ホストタウンの推進
48. 対日直接投資の拡大に向けた我が国ビジネス環境の発信
49. 東京都と連携した大会開催を契機とした全国の中小企業のビジネス機会拡大

分野10　日本の技術力の発信（7施策）516億2700万円
50. 社会全体の ICT 化の推進 51. 大会における最新の科学技術活用の具体化 52. 自動走行技術を活用した次世代都市交通システム 53. 先端ロボット技術によるユニバーサル未来社会の実現 54. 高精度衛星測位技術を活用した新サービス 55. 義肢装具等の先端技術の発信 56. 都市鉱山からつくる！みんなのメダルプロジェクトの推進

分野11　外国人旅行者の訪日促進（2施策）290億9900万円
57. 「2020年オリンピック・パラリンピック」後も見据えた観光振興 58. 水辺環境の改善

分野12　日本文化の魅力の発信（4施策）627億4200万円
59. 文化を通じた機運醸成 60. 文化プログラムの推進 61. クール・ジャパンの効果的な PR の実施 62. 和食・和の文化の発信強化

分野13　スポーツ基本法が目指すスポーツ立国宣言の実現（2施策）53億3900万円
63. スポーツ基本計画の策定 64. スポーツを「する」「みる」「ささえる」スポーツ参画人口の拡大と、そのための人材育成・場の充実、スポーツを通じた活力があり絆の強い社会の実現、障害者スポーツの普及促進

分野14　大会を弾みとした健康増進・受動喫煙防止（1施策）-
65. 受動喫煙防止対策の推進

分野15　ユニバーサルデザイン・心のバリアフリー（4施策）633億4300万円
66. 大会に向けたアクセシビリティの実現 67. 大会を契機としたユニバーサルデザイン・心のバリアフリーの推進 68. バリアフリー対策の強化 69. ICT 化を活用した行動支援の普及・活用 70. 大会を弾みとした働き方改革等ワーク・ライフ・バランスの推進

資料：会計検査院「東京オリンピック・パラリンピック競技大会に向けた取組状況等に関する会計検査の結果について：会計検査院法第30条の3の規定に基づく報告書」（2018年10月）17頁、73頁、105頁から作成。分野14については会計検査院が支出額の算出を困難と判断。各分野と経費を網掛けにした。

なる看板の掛け替えは認めない。)」の二つのいずれの要件も満たしているのが各府省等の大会関係予算であることを確認した上で、申請のあった事業を対象に「合規性、経済性、効率性、有効性等の観点」から検査を行った。

　対象期間は2013年度から17年度までで、各府省等、JSC、JRA（日本中央競馬会）が実施した大会施設の整備状況等を検査するとともに、組織委、都、他自治体が国庫補助金等を活用するなどして実施した大会施設の整備状況等を検査した。また、事業の実施状況について、14府省等の本省、外局及び地方支分部局、9独立行政法人、JRA、18都道府県、同都道府県の92市区町村、大会組織委員会及び14府省等の国庫補助金等交付先又は委託先である23法人を対象に調査した。

　こうした施設と事業の実施状況を対象に9独立行政法人と18都道府県を対象に「650人日を要して会計実地検査」を行い、調書及び関係資料を徴したり、担当者等から説明を聴取したりし、また、公表されている資料等をもとに調査分析を行ったのである[33]。

　内閣官房推進本部に対する要請では、「国が担う必要がある業務について国民に周知し、理解を求める」ために、「大会との関連性に係る区分とその基準を整理した上で大会の準備、運営等に特に資すると認められる業務については、各府省等から情報を集約して、業務の内容や経費の規模等の全体像を把握して、対外的に示すことが必要」であるとした[34]。

　さらに続けて会計検査院は、「政府の取組状況報告には、各府省等が実施する大会の関連施策に係る予算額等は記載されておらず、事業名についてもごく一部のものを除き記載されていない」と苦言を呈した。その上で、2017年5月の政府の取組状況報告記載の事業と2013年度から17年度までの支出額について、会計検査院自ら各府省等に調書の提出を求めたのである。そして

33　同20-23頁。ここで「人日」（にんにち）とは、作業量を表現する際に使われる単位の一つで、一人で従事した場合に650日かかるという意味である。仮に会計実地調査を毎日5人体制で行ったとすれば130日かかるし、50人体制で行ったとすれば13日かかることになる。

34　同30-34頁。

検査の結果、286事業の支出額の合計が8011億円となったと結論づけた[35]。

　その内訳は、大会直接経費（8分野45施策の148事業）の合計が5879億1300万円、大会間接経費（7分野25施策の136事業）の合計が2130億1800万円、「両方の施策にまたがる取組（内閣）」の2事業が2億5900万円となり、286事業の合計は8011億9100万円になる。直接経費で支出額が大きいのが、国土交通省2007億4600万円、経済産業省1804億9900万円、文部科学省1695億4800万円である。間接経費では国土交通省2604億5300万円、経済産業省1992億9300万円、文部科学省1811億3800万円となっている[36]。

　会計検査院の指摘はそれだけでは終わらなかった。国の支出合計8011億9100万円について、「府省等の判断で政府の取組状況報告に記載されたものであることから、大会の円滑な準備及び運営又は大会終了後のレガシーの創出に関連する全ての事業を挙げているものではない」とした。そしてその理由を、「各府省等が実施する多岐にわたる分野の全ての事業の内容について、実施内容が大会にどの程度関連するかを各府省等において一律に把握することが難しく、また、大会の関連施策の具体的な定義を策定することが困難である」ので、「各府省等が実施する施策の内容が大会に関連するか否かの判断は各府省等によるものとなっている」点を注意喚起したのである[37]。

　会計検査院は、政府に対する上記の要請を繰り返し、「引き続き大会の開催に向けた取組等の状況及び各府省等が実施する大会の関連施策等の状況について検査を実施して、その結果については、取りまとめが出来次第報告する」と締め括った[38]。

35　同68-69頁。
36　同70頁。
37　同71頁。
38　同157-158頁。

9　政府説明の特質

　東京都が主導する共同実施事業管理委員会については、CVE は実質的に上滑りしているとの理解や直接経費と間接経費の線引き、とくに後者の範疇の明確化に課題を抱えているとの見方もできよう。しかし、都の場合、あくまでも時期の側面からいえば、政府と比べていち早く2018年1月に間接経費8100億円を打ち出していることから、本稿ではその活動提示にとどめ、今後の説明のプロセスを注視していくとのみ指摘しておきたい。

　会計検査院の報告について注目すべき点が五つある。一つ目は、東京五輪経費を対象とする時期を開催が決定した2013年度以降とし、その上で決算ベースを対象に当時において検査可能な17年度までとしたことである。報告には18年度から20年度までの支出額についても検査の対象としなければならないとする旨の記載も加えている。二つ目に、政府が公表してこなかった2013年度以降16年度までの大会経費にメスを入れた点である。直接・間接にかかわらず、それまでの大会経費の説明空白の部分を埋めようとしたのである。三つ目に、そもそも大会経費とは何かについて、施策・事業と支出額を紐付けする形で、体系的な整理の枠組みと項目を提示したことである。大会経費を把握するための雛形を提示したことになる。

　四つ目に、政府に対して、今回対象とした事業以外にも対象とすべき事業が存在する可能性に触れ、政府による府省等への情報収集を要請した点である。大会経費とみなす基準に明確なものがなく、各府省によって捉え方が異なるとした上で、本来、大会経費の対象をどう捉えるべきなのか政府に再考を迫ったのである。そして五つ目に、開催地自治体への国の補助金の提供についても国の経費であることを見逃さなかった点である。

　それに対して政府の対応はどうであったのか。以下八つの特徴を挙げたい。

　第1に、会計検査院報告への応答までの期間の短さが挙げられる。大会推

進本部に対して参議院決算委員会・参議院議長から会計検査の要請があったのが2017年6月5日である。会計検査院はその後1年4か月かけて報告書を作成したことになる。対照的に大会推進本部が応答までに要した時間は僅か26日間である。「650人日を要して会計実地検査を行い」という会計検査院報告の記載にある検査の質と量を鑑みれば、推進本部の応答はあまりにも拙速過ぎるのではないだろうか。「各府省等から情報を集約」してほしいという会計検査院の要請に、政府は応えていない。

　第2に、その性急さが、政府報告の内容に反映している。政府はあくまでも「大会の円滑な準備及び運営」に資する直接経費を対象とし、もう一つの「大会を通じた新しい日本の創造」に資する間接経費については「精査」を行わなかったのではないか。たとえば後者における「ホストタウンの推進」や「都市鉱山からつくる！みんなのメダルプロジェクトの推進」などは直接経費に含まれるという判断があってもいいのではないだろうか。

　第3に、政府による大会経費の類型表現（原文）は、意図的かつ苦肉の策ではないかと思われるほど、曖昧模糊としたわかりにくい表現となっている。「A：大会の準備、運営等に特に資する事業」では、「直接に」はなく「特に」という表記により、直接経費の意味合いがぼかされてしまった。「B：大会に直接資する金額を算出することが困難な事業」となると、前半の「大会に直接資する」という表記がAにではなく敢えてBに盛り込まれた上、金額算出が「困難」として、全否定はしないものの直接経費には当たらないとやんわりと否定したような表現となっている。本来、Aに盛り込むべき「直接資する」をわざわざBに入れて否定してみせたことで、AとBの差異もわかりづらくなってしまった。そして、「C：大会との関連性が比較的低い事業」では、あえて経費の関連性自体を否定していない。BとCで関連経費の射程を広げると同時に、直接経費の幅を意図的に狭めたのではないか。一方で政府は、直接経費にも間接経費にも当たらないとした事業はないと判断したことになる。

　第4に、Cを除いて、政府によるAとBのカテゴリーに注目すれば、政

府は直接経費を1725億円と算出し、直接経費とはいえない経費（関連経費）を5461億円と算出した。会計検査院の整理では、直接経費5879億円、間接経費2130億円とされており、直接経費が大幅に下がり、間接経費が大幅に上がったことになる。直接経費をできるだけ抑制して見せたい政府の強い意向が反映された結果となっている。

　第5に、会計検査院報告では、政府に対して「業務の内容や経費の規模等の全体像を把握して、対外的に示すことが必要」だとされたにもかからず、政府はこの指摘に正面から応答していない。会計検査院は、従来政府が対象としてこなかった事業や会計検査院の検査でも対象とならなかった事業にも、大会経費に相当するものがあると指摘しているにもかかわらす、初めからその主眼を、会計検査院が指摘した直接経費5879億円の大幅な減額に置いたのである。

　その現れが、「会計検査院報告の指摘を踏まえた調査結果について」（2018年10月30日）における「会計検査院の報告書における支出額100億円以上の事業一覧」である。支出額100億円以上の18事業を対象に先述のカテゴリーA、B、Cのいずれかに区分した結果、「新国立競技場の整備」「東京パラリンピック競技大会開催準備」「競技力向上事業」「ハイパフォーマンス・サポート事業」の4事業のみがAとされ、Bが12事業、Cが2事業とされた。会計検査院の指摘には多くの間違いがあるといわんばかりの政府の対応である。

　たとえばこの中で政府は、「首都高速中央環状品川線・晴海線、一般国道357号・14号、臨港道路南北線の整備」について、東京大会との関連性において、一般国道と環状2号を五輪の「輸送インフラ」とし、南北線を大会関係者の「輸送ルート」と位置づけている。そうであるならば、これらの道路整備額は実質的に五輪道路であり、Aとして区分するのが適切ではないだろうか。

　第6に、2018年10月と12月の政府による会計検査院報告に対する無理筋ともいえる対応のつけが、翌2019年1月末の予算ベースでの大会経費の公表に

つながったのではないか。その内容は従来からの国負担1500億円という説明との関連性において、わかりづらい内容となっており、今後、整理・把握が必要である。

　2018年12月時点では、前年に引き続き、大会直接経費の総額を 1 兆3500億円（組織委6000億円、国1500億円、都8100億円）とし、国負担1500億円の内訳の大枠は新国立競技場1200億円、パラリンピック300億円というように維持された。予算ベースにもとづき、対象期間は2013年度から20年度という理解が妥当だと思われる。

　ただ、国の負担内訳の項目が、「ハード（会場整備関係）」と「ソフト（大会運営関係）」の二つに分けられ、前者については恒久施設1200億円、仮設等・エネルギーインフラ・テクノロジーの合計で200億円と提示され、後者については輸送・セキュリティ・オペレーション・管理・広報・マーケティング・その他・調整費の合計で100億円と提示された。国の負担額1500億円における新国立競技場とパラリンピックの負担額の大枠での内訳は維持されたものの、各々に複数の項目が掲載された。いずれにしても微修正の範囲といえるであろう。

　ところが、2019年 1 月末に政府が提示した2013年度から19年度を対象期間とした産出額2197億円において、対象は「大会運営や機運醸成、大会成功に直接資する」各省庁の事業の予算額とされており、記載項目からはいずれも「直接経費」とするのが妥当だと読み取れる。それにもかかわらず、2197億円は「関連予算」と位置づけられたのである。

　それでも新国立競技場整備費517億円とパラリンピック経費300億円の合計817億円は、国が堅持する負担額1500億円に入っているとされたので、本来は直接経費に入るはずの競技力強化費などを間接経費扱いしたことになる。政府は直接経費と間接経費を分けた説明をせずに、間接経費の中に直接経費を含めた記載をしたことになる。

　今後の19年度補正予算や20年度予算による負担増額は除いた形ではあるものの、国の負担額の内訳について、直接経費が1500億円、間接経費が1380億

円と整理されたこととなった。全体の負担額でいえば、この時点で組織委6000億円、国2880億円、都1兆4100億円の合計2兆2980億円が東京五輪の直接・間接経費の予算ベースでの総額とされたのである。

　第7に、東京五輪の大会経費をめぐる直接経費と間接経費の線引きの難しさは確かにある。しかし、だからこそ政府にはとくに後者について、丁寧な説明が求められるはずである。対象経費が直接経費でないとはねつけるのではなく、たとえ直接経費とみなすことが「困難な事業」や関連性が「低い」事業であったとしても、独自に割引換算するなど間接経費の中に存在する準直接経費を抽出する試みがなされてもいいのではないだろうか。また、大会経費をめぐる各中央省庁間の捉え方の差異を埋めるといった役割を内閣官房大会推進本部は果たしていない。2013年度以降決算ベースでの支出が積み上がっており、政府は大会経費を体系的に予算・決算ベースの両面で整理し直すべきではないか。

　第8に、そもそも会計検査院が大会経費の対象選定において依拠したのは、2015年11月に政府が公表した「基本方針」における二大基本方針と15分野である。会計検査院からすれば、政府の基本方針の中身に忠実に沿った形で検査のスタイルを取るのは至極当然なことである。しかし、15年11月以降、本来、各分野に紐付けられて示されるべき施策や各々に掛かる経費についての政府説明がなされなかったがゆえに、いわば業を煮やした形で、自ら関係省庁に調書の提出を要請し、その限界を認識しつつ報告書を作成したのである。いわば、政府がやるべきことに先んじたというよりも、政府が本来果たすべき役割に代替する形で、検査対象とする膨大な数にのぼる五輪の施策・事業自体を自ら設定せざるを得なかったのである。

　「基本方針」において政府がこれだけ大風呂敷を広げて、東京五輪の諸価値と目標、そのための施策を高らかに内外に宣言した以上、直接経費の絞り込みに汲々とするのではなく、間接経費にも焦点を当てて、直接と間接の難しい仕分けに向き合いながら、丁寧に説明するのが政府としての当然の責務ではないか。政府は、大会の直接経費取り扱いの根拠を示さないまま、ひた

すら抑制のスタンスを取り続けただけでなく、間接経費についての言及すら
しないで曖昧な姿勢を続けている。説明責任を放棄し、木で鼻を括るかのよ
うな大会経費をめぐる政府によるこれまでの一連の対応は、他の政策分野に
おいても散見される一連の粗雑な説明責任の行使と相俟って、官邸官僚・内
閣官房への権能の集中と肥大化の弊害が如実に現れた典型事例ではないだろ
うか。

　2015年11月の政府の東京五輪の基本方針を見ると、「復興五輪・日本全体
の祭典」「有益な遺産（レガシー）の創出」「国民総参加」といった具合に、
政府は東京五輪の諸価値を広く捉え、大きく説き広げる形で、諸施策の展開
を図るとしている。こうした政府の基本方針にもとづけば、当然のごとく多
様な価値の実現のための事業経費も広範に及ぶことになる。

　その意味で基本方針にもとづいて対象経費を捉えた会計検査院の報告の方
が、諸価値の実現と比して経費を狭く限定する政府のアンバランスな説明よ
りも、正鵠を得ているのではないだろうか。加えて、もはや経費削減を肯定
的に評価する見方は妥当でないといえる[39]。

　説明責任の実質的中枢に位置するのは政府であろう。東京五輪開催に向け
てセクター間や諸アクター間の関係性という文脈の中で、すなわち、関係組
織・関係者のネットワークを通じた東京五輪事業の実施とそれに不可欠な経
費について、国は説明責任を果すべきである。

---

[39]　たとえば、以下のような指摘がそれである。2017年12月時点で１兆3500億円と試算された大
　会経費は、さらなる削減を見込める。IOC調整委員会のコーツ委員長は2018年７月12日、今後
　の五輪運営の新たな指針となる「ニューノーム（新基準）」にもとづいて、さらに１億ドル（約
　110億円）の削減が可能との認識を示した。選手村の開村を過去の大会よりも２日間遅らせるな
　ど実用的なアイデアも挙がっている、というものである（エド・フーラ「テスト大会が試金石」
　2018年７月17日付毎日新聞）。

第4章　競技施設の後利用問題

1　新規競技施設の後利用問題

　2020年東京オリンピック・パラリンピック大会（東京五輪）で使用される各競技施設の建設が完成しつつある中で、とくに東京に集中する新規施設の後利用のあり方が問題となっている。東京五輪開催が決定した2013年9月以降の五輪建設事業については、新国立競技場の建設をめぐる巨額な費用や神宮外苑などの周辺開発、新規建設が集中する臨海部の競技施設をめぐる建設費の増加、競技施設へのアクセス問題、都心再開発との連関など、開催準備段階における諸課題が指摘されている。

　とくに国や東京都が新しく建設する競技施設（新国立競技場以外は都による建設）の大会終了後の施設運営については、そのほとんどの年間収支見込みは赤字となっており、たとえば567億円の建設費を投じる水泳競技が行われる東京アクアティクスセンターの場合、大会後の年間来場者目標を100万人に設定してはいるものの、それでも収支見込みは年間6億3800万円の赤字となっている。

　国が建設する新国立競技場と、東京都が建設する有明体操競技場、有明アリーナ、東京アクアティクスセンター、夢の島公園アーチェリー場、カヌー・スラロームセンター、海の森水上競技場、大井ホッケー競技場のうち、有明アリーナのみが年間3億5600万円の黒字を見込んでいる。年間収支見込みを非公表としている新国立競技場と有明体操競技場を除く五つの競技施設の年間収支見込みは、総額10億2800万円の赤字に達する[1]。

　とくに建設費が最大1670億円となる新国立競技場の場合、年間の維持管理

費が24億円と試算されている。周辺への騒音問題などにより、世界的な人気アーティストによるコンサートなどイベントの回数は限られ、集客規模についてもサッカーなど一部の人気スポーツの国際大会などに限定されてしまう。

　このように新設の五輪競技施設をめぐる後利用は難題の一つとなっている。

　国際オリンピック委員会（IOC）の定める競技施設の仕様は、大規模国際大会ならではの高い基準が設定されており、大会終了後も施設の機能を維持するには多額の費用がかかる。選手村のマンションとしての転用は大枠では生活機能施設の継続であり、ハード面での改修などにより柔軟な対応が可能である。しかし、常設の競技施設の場合、仮設の観客席や一部の付帯設備の撤去など行ったとしても、本体の規模や電気設備など基幹的な機能の変更はできない。五輪仕様であるがゆえの特殊性があり、大会終了後の活用は極めて難しい課題なのである。

　加えて、五輪競技施設には国や都の公金が支出されているため、大会終了後の一般利用者を対象とした施設利用料は抑制される傾向にあり、施設の維持管理費を施設利用収入のみで賄い、さらに黒字化することは難しい。そこで、国や都は大会後の運営権の民間事業者への売却や、施設の命名権（ネーミングライツ）事業を探ることとなる。ところが、上記の五輪仕様の競技施設特有の足かせのため、民間事業者は運営権購入の契約に二の足を踏み、命名権の買い手も現れずに、結果として年々赤字を積み重ねてしまう傾向にある（1998年長野冬季五輪のボブスレー会場の競技使用停止がその典型例）。

　東京五輪の新規施設をめぐり、コンサート会場などとして収益が見込める有明アリーナについては、都が民間事業者への運営権の売却（コンセッション方式）に踏み出し、既に契約が成立している。しかし、他の競技施設については、大会終了後の運営の見通しが立っていないのが実情であり、このまま

1　2019年6月5日付毎日新聞「五輪施設　閉幕後は赤字」及び同年7月30日付毎日新聞「会場『後利用』揺らぐ」。

では競技施設が「負のレガシー」の象徴となってしまう恐れがある。

　本稿では次節において、新規競技施設の後利用における年間収支見込みがどのようになっているのか提示する。第3節では、選手村の後利用と新規7施設が集中する臨海部開発について記載し、その中心には市場性の論理が貫かれている点を示す。第4節において、新国立競技場をめぐる後利用が迷走する状況を把握する。また、周辺の人工地盤・緑地化についても言及する。第5節では、臨海部開発への注目で看過されがちな大会終了後の神宮外苑の開発を取り上げ、ここにも市場性の論理が貫かれるようになった点を指摘する。そして第6節において、市場性を後利用の唯一の評価軸とする限り、新規施設のほとんどは、大会終了後に「負のレガシー」となってしまうのは避けられないことを指摘する。「正のレガシー」を生み出すためには、社会性に軸足を置いた評価が必要との観点から、ハード・ソフト両面の「社会的資本」としての活用方策を探ることとする。

2　年間収支見込の赤字

　表1は、東京五輪の新規競技施設の整備費、大会終了後の年間来場目標、年間収支見込み、後利用の中身についてまとめたものである。

　東京五輪の競技会場は首都圏を中心に42会場あり、既存施設や大会後に取り壊す仮設施設が約8割を占める中、大会後も恒久的に活用する常設会場の新設が臨海部に集中している。見込み額が非公表の新国立競技場と有明体操競技場も赤字見込みである。そうなると有明アリーナ以外はいずれも赤字見込みとなっていることがわかる。

　海の森水上競技場の場合、東京五輪の会場整備費の試算は招致段階の69億円が、水門の設置などで一時、1038億円まで跳ね上がり、その後も491億円→298億円→308億円と推移した。大会後は約9000の仮設席を撤去するが、年間収支は赤字が見込まれている。最寄りの都営バス停留所から徒歩20分、JR京葉線の新木場駅からタクシーで約15分とアクセスが悪い。

表1　東京五輪の新規競技施設の整備費、年間収支見込み、後利用について

施設名	整備費	大会後の年間来場目標	大会後の年間収支見込み（▼は赤字）	後利用について
新国立競技場（開閉会式、陸上競技、サッカー）	最大1670億円	－	－	一度は球技専用とする基本方針を決定したが、陸上のトラックを残すか再検討
有明体操競技場（体操）	253億円	－	－	10年程度、中小企業振興のための展示場として活用する
有明アリーナ（バレーボール）	370億円	140万人	3億5600万円	国際大会やコンサートなどで利用促進を図る
東京アクアティクスセンター（水泳）	567億円	100万人	▼6億3800万円	座席数を3分の1の500席に削減
夢の島公園アーチェリー場（アーチェリー）	9億円	3万3000人	▼1200万円	年間20大会の開催と芝生広場を活用した音楽イベントなどを開催
カヌー・スラロームセンター（カヌー（スラローム））	73億円	10万人	▼1億8600万円	国際大会の開催のほか、一般向けのラフティング体験などを開催
海の森水上競技場（ボート、カヌー（スプリント））	308億円	35万人	▼1億5800万円	国際大会や強化合宿の開催などのほか、水上レジャー体験などを開催
大井ホッケー競技場（ホッケー）	48億円	20万人	▼9200万円	国際大会の誘致などのほか、サッカーやラクロスなどで利用

注：－は試算の公表なし。
資料：2019年6月5日付毎日新聞「五輪施設　閉幕後は赤字」及び2019年7月30日付毎日新聞「会場『後利用』揺らぐ」から作成。

　カヌー・スラロームセンターの場合、都は年間で七つの国際・国内大会を誘致する目標を立てるが、国内の競技人口は約350人にとどまるため、ゴムボートでパドルを操作するラフティングができる一般向けレジャー施設としても活用する計画を立てている。しかし、それでも毎秒12㌧の流水を生むポンプの電気代などがかさみ、年間収支は赤字となると説明されている。

　有明アリーナの場合、1万5000超の観客席を備えたメインアリーナは、収

益性の高いコンサート会場として興行活用もできる。都は施設の所有権を持ちながら、民間事業者に運営権を売却するコンセッション方式を採用した。その結果、都は約25年の運営権の対価として約94億円を受け取ることになった[2]。

　東京都は2019年 6 月に、大会後の運営権を広告大手電通を代表とするグループの新会社に、25年計約94億円で売却する方針を都議会文教委員会で明らかにした。有明アリーナに適用されたこの手法は、国内のスポーツ施設では初めてだという。契約では新会社が94億円のほか、利益の50％を都に支払うという。同社はコンサートや国際スポーツ大会を開催するほか、一般の人も利用できるようアマチュアスポーツ向けの優先予約枠を設けるとした[3]。

　新規 5 施設（当時。有明体操競技場は含まれず）には指定管理者制度を導入するとした。想定される赤字分については、都が負担し、その上で、運営者側が経営努力で想定よりも収益を伸ばすことができれば、上積み分は運営者側の利益になるという仕組みが設定された[4]。

　さらに都は、2019年 7 月に「有明アリーナ」などにネーミングライツ（命名権）の売却先を募集する方針を決めた。有明アリーナを除く新規競技施設に指定管理者制度を利用し、民間事業者に運営を任せる決定をした。命名権は東京五輪前に募集を開始し、終了後に企業などに売却するとした[5]。

3　選手村の後利用と臨海部開発

　東京都は1980年代から、ビジネスの拠点機能を新宿や渋谷、池袋など七つの「副都心」に分散させる「多心型都市構造」への転換に乗り出した。なかでも臨海部は広大な土地を擁し、開発の自由度が高いとして注目されたが、

2　2019年 6 月 5 日付毎日新聞「五輪施設　閉幕後は赤字」。
3　2019年 6 月14日付東京新聞「有明アリーナ運営権売却へ」。
4　2018年10月 4 日付読売新聞「五輪後の利用　売り込み」。
5　2019年 7 月15日付産経新聞「五輪 6 施設に命名権」。

都が主導して開催を計画していた「世界都市博覧会」の中止を1995年に当選した都知事が決定し、以降、都が所有する土地を提供し、再開発を促すという形の再開発は下火になったという。

　2000年代に入り、国の規制が緩和され、民間の開発意欲が高まると、大手不動産開発業者主導の再開発が目立つようになった。大手町・丸の内・有楽町（三菱地所が主導）、渋谷（東急グループが主導）、六本木・虎の門（森ビルが主導）の開発が進み、その他品川周辺や新宿でも再開発が計画される。東京では、こうした地区のいずれかで整備から時間がたち再開発の時期を迎えても、別の地区が稼働を続け求心力を保ち続けるという特徴があり、いわば再開発の循環で成長を持続してきたという[6]。

　東京五輪は、これまでの大会で主流だった会場を1カ所に集める「一極集中型」と異なり、都心部と臨海部に分かれた「分散型」での開催となる。次回24年パリ、28年ロサンゼルスも分散型での開催を計画しており、東京が今後の大会運営の試金石となる。「渋谷や新宿などの地区間で競争が起きているように、大会後に開催エリア同士で街づくりを競い合えば、東京全体の魅力アップにつながる。東京は大会運営の今後のモデルケースとなる」との指摘がある[7]。

　東京臨海部の場合、かつて世界都市博が中止になり、その後も都の思い通りに企業の立地は進まなかった[8]。晴海に設置される選手村（約18㌶）は大会後にマンション群として売り出される。企業に設計から販売まで任せる代わりに完成後に土地を買い取らせる特定建築者の制度を用い、三井不動産レジデンシャル、三菱地所レジデンスなど大手ディベロッパー11社が129億円で購入・開発（既に2017年1月に着工）し、販売する（大会までに14〜18階建ての21棟を建て、五輪では1万8000人、パラリンピックでは8000人の選手や大会関係者が利用する予定）。

6　2019年7月24日付読売新聞「東京を『世界一』に」。
7　同。
8　2018年8月23日付朝日新聞「東京五輪後　街の姿は」。

　地上３階建ての建物も建設し、スポーツジム、総合診療所になる。大会後は部屋を改修し、2022年秋にはマンションにする。ジムなどに使われた建物は商業施設になり、地上50階建ての超高層タワー２棟も建て、総戸数は2024年３月までに5632戸になる。その他、水素を製造・貯蔵する施設や、小中学校、保育施設も整備されるという[9]。

　都内最大規模の巨大マンション群にリフォームされ、人口１万2000人の街が誕生するという。大会期間中（開村期間は五輪時が2020年７月14日～８月12日、パラリンピック時が８月18日～９月９日）は都が建物を借り上げる。25～130平方㍍の室内を壁で仕切って１～８人で使い、大会後は改修して２LDK～４LDK にする。全戸のうち分譲は７割強の4145戸で、23区で１年に分譲されるマンションの３割にあたるという[10]。

　その後、選手村整備事業について、大会後の分譲収入の増収分を都と事業者が折半することになった。選手村の整備事業をめぐり、都から受注した企業グループの事業収入が当初想定を上回った場合、増収分の半額を都に追納することで両者が合意した。「１者入札」で行われた都有地の売却額が安過ぎたとの批判があり、都が事業者との間で協議していた。都と民間による大規模開発事業の収益配分が着手後に見直されるのは極めて異例であった。

　整備計画は、①事業者が都有地を購入し、集合住宅型の選手村を建設、②大会後に改装し、タワーマンション２棟も新築して約4100戸を分譲し約1500戸を賃貸する、の二つが柱である。周辺整備費などを含む総事業費は4000億円規模で、事業者側が約3000億円を負担し、このうち１割強の利益を見込む。事業者公募に応じたのは三井不動産や住友不動産など大手11社でつくる１グループだけで、都は2016年12月、都有地約13万平方㍍を約130億円で売却する契約を結んだ。当初想定した分譲収入約2800億円から増えた場合、１％（約28億円）を超えた部分を「著しい収益増」とし、事業者がこのおよ

9　2019年１月23日付朝日新聞「大会後のまちづくりは？」。
10　2019年３月２日付毎日新聞「五輪選手村に熱視線」及び同年８月６日付毎日新聞「選手村緑化で憩い演出」。

そ半額を都に支払う。都の増収額は事業が完了する2024年度末に確定するという[11]。

　一方、事業者からは事業のリスクを指摘する声が上がった。「4000戸規模のマンションを短期間で売る事業は前例がない。五輪後の景気動向次第で売り上げが伸びない恐れもある」とし、選手村は最寄り駅まで徒歩20分近くかかるほか、事業が失敗しても都が責任を負わない仕組みだとの懸念が示された[12]。

　晴海の都有地（約13㌶）の土地の売却をめぐっては2017年8月、都民33人が「周辺相場の1割以下で不当に安い」として、都知事らに適正価格との差額を賠償させるよう都に求める訴訟を起こした[13]。

4　不透明な新国立競技場の後利用

　新国立競技場のレガシーの一つが、「空の杜」と名付けた1周約850㍍の遊歩道を最上階に設けたことだという。スポーツがさらに人を呼び込むコンテンツとしての地位を獲得し、競技やその施設を核ににぎわいが生まれることもレガシーだという[14]。

　加えて防災面でのPRもある。競技場内の2、3階にあるコンコースに面積を割いており、待避スペースとして活用できる。観客席は通路を多めにし、いずれの席からも15分以内に競技場外に出られるようにした。防災備蓄倉庫もあり、約8万人分の水や保存食品などを置ける。緊急時でも非常用電源が作動し、携帯電話の充電などのためにコンセントも設置するという[15]。

　新国立競技場の大会後の運営について、事業主の日本スポーツ振興セン

11　2019年7月26日付読売新聞「増収の半額　都に追納」。
12　2019年7月26日付読売新聞「大規模分譲　不安も」。
13　2019年7月27日付毎日新聞「増収の半額　都に支払い」及び同年7月27日付東京新聞「増収分　半額、都に追納」。
14　2019年7月26日付産経新聞「新国立、人呼び込む聖地に」。
15　2019年7月4日付日本経済新聞「新国立『杜』の夢舞台」。

ター（JSC）は、2019年4月に運営権を民間事業者に売却するにあたって、命名権事業などを可能とする方針案を提示した[16]。

　他方で批判もある。新国立競技場の場合、陸上トラックを設置するために客席とピッチの間に距離ができた。しかも主要な陸上大会に必須の練習用トラックの用地は大会期間中しか確保できないため、世界選手権はおろか、日本選手権も開けない仕様になる。政府は2017年、将来的にはトラックをなくし、球技専用スタジアムに変える方針を打ち出したが、平坦なトラック部分に客席を並べても見にくいし、地下鉄大江戸線が近くを通り、地下を掘り下げるのも難しい。さらにそもそも、東京や日本には常に8万人の観客で満杯にできるチームは、サッカーにもラグビーにもない。JSCは五輪後の新国立競技場について「100年後を見据え、大地に根ざす『生命の大樹』を目指す」と掲げるが、現実には年間維持費だけで24億円と試算されるとの指摘がある[17]。

　2019年7月、大会後に球技専用とする方針を変更し、陸上トラックを残して陸上と球技の兼用にする方向で調整が進んでいることが明らかになった。改修に最大100億円かかるとの試算も出た。大会後に運営権を民間事業者に売却する現在の計画では、年間約30億円の固定資産税がかかる可能性があることもわかり、維持費以外に出費がかさむ恐れが指摘された。

　「芝にステージを置くと重みで傷むので、収入源のコンサートができない」「収益が望めるのはサッカーの日本代表戦など一部だけ」など、球技専用にした時の収益性が疑問視されるようになった。こうしたことから、陸上トラックを残した方がコストが少なくすむ上、コンサートを多く呼べるとの意見が関係者の間で強まったという[18]。

　新国立競技場の後利用に関しては、「負の遺産」としないために関係省庁

16　2019年4月24日付朝日新聞「新国立　命名権事業可能に」。

17　稲垣康介「『誰もが納得するスタジアム』という幻想」（The Asahi Shimbun Globe, January 2019 No.213）。

18　2019年7月4日付朝日新聞「新国立　陸上トラック存続へ」。

のワーキングチーム（WT）で 1 年半以上も議論を重ね、2017年 7 月にトラックを撤去して大規模な球技専用スタジアムに改修する方針が政府の関係閣僚会議で了承された経緯がある。当時、日本サッカー協会は 2 度目のワールドカップ（W 杯）招致の呼び水とするため「トラック部分をスタンドに改修し、8 万席の球技専用スタジアムにして欲しい」と強く要望した経緯もある。

　陸上トラックを残す案は、改修費がかからない上に、イベントでの貸し出しがない日にトラックを市民ランナーに解放することができ、「市民に開かれたスタジアム」という理念にもかなうという。東京五輪のレガシーを残すという大義名分も立ちやすく、収益の柱となるコンサートも、球技専用より開きやすくなる。また、WT が球技専用とした根拠の一つが、サブトラックの問題であり、日本陸上競技連盟はこれまで、新国立競技場の陸上トラックを残しても、1 周400㍍のサブトラックを常設しなければ大規模な大会は開けないと説明してきた。新国立競技場はこの条件を満たしていなかった。ただし、日本陸連は、東京体育館の200㍍トラックをサブトラックとして使う案を検討しているとされた[19]。

　トラックがあればコンサート会場としてもっと稼げるといっても、周辺住民への配慮が必要で、利用回数は限られる。屋根がないから天候にも影響される。収益面で大きな改善は望めないという批判があった。大商業的な利用は考慮せず、維持管理費を徹底的に抑えて五輪のメモリアルパークとして無料開放すればいいとの考えがある[20]。

　国が所有権を持ったまま、民間に20〜30年間、運営権を売却するコンセッション方式の導入を前提に、企業などからヒアリングしたが、ホームスタジアムとして利用するサッカークラブは現れなかった。最大100億円との試算もある改修費を投じるだけの確実な展望を描けない状態に陥ったことも明らかとなった[21]。

19　2019年 7 月 4 日付朝日新聞「新国立　球技専用が一転」。
20　2019年 7 月26日付日本経済新聞「新国立　ババは誰が引く」。

　新国立競技場の後利用について、「赤字覚悟でスポーツの聖地にするのか、収益重視のライブハウスか。何を大事にするのか、はっきりすべきだ」との意見がある。新国立を立派な「レガシー（遺産）」にできるか。万が一、無用の施設になれば、日本のハコモノ建設は停滞しかねないし、それは、スポーツ環境の整備が遅れることを意味するという見解がある[22]。

　その他、新国立競技場周辺の人工地盤の上を緑地化し、立体都市公園として整備することで、緑地面積の減少を「帳消し」にしようとする計画に対する批判がある。具体的には以下のような指摘がそれである。

　人工地盤上の小川などはニセモノの森であり、道路や駐車場の上にコンクリートで人工の地盤をつくり、広場や遊歩道にする。木を植えるためには、普通より丈夫な構造物をつくらなければならず、その分建設コストがかさむ。水やりなど維持管理の費用もかかる。無理をして植えた木は長生きしない。コンクリートの建物の寿命は50年であり、このままでは負のレガシーを残してしまう。本来立体都市公園は、地価が著しく高く、公園用地が十分にとれないとき、緑地化したビル屋上などを公園として認めようという制度であり、神宮外苑という緑の豊かのところで、すでにあった公園を壊し、その一部を人工的な立体公園に切り替えるのは、制度の趣旨になじまず、本末転倒だというものである[23]。

21　2019年7月30日付毎日新聞「会場『後利用』揺らぐ」。

22　北川信行「低コスト『手本』は関西にあり」（2019年7月6日付産経新聞）。2012年のロンドン五輪では仮設席の有効利用や、大会後に収益性の高い多目的アリーナに改修して有効活用した例がある（2019年6月5日付毎日新聞「五輪施設　閉幕後は赤字」）。また、2008年北京五輪のメインスタジアム「鳥の巣」は、2022年に北京市と河北省張家口市で開催される冬季五輪の開会式会場となる。しかし、9万1000人収容の巨大スタジアムがスポーツの会場として普段使われることは少なく、フィールドの芝生ははがれ、陸上のトラック上には機材が積み上げられていたという。年間の維持費は2億元弱（1元＝15円換算で30億円弱）で、巨大すぎるためにスポーツ会場としての利用が伸びず、見物客も減少傾向にあるという（2018年8月8日付産経新聞「五輪遺産　活用で明暗」）。

23　2017年2月21日付朝日新聞「新競技場に欠けたもの」。

5　神宮外苑乱開発の兆し

　港区と新宿区にまたがる再開発の対象区域は、東京五輪終了後の2021年度から工事が始まる。神宮第 2 球場を解体し、その跡地に新秩父宮ラグビー場を建てる第 1 期工事が2024年までで、その後、秩父宮ラグビー場を取り壊した場所に新神宮球場が完成するのが2027年度である。その後神宮球場を解体し、新秩父宮客席拡張などの第 2 期工事に入り、2029年度中に完成する。商業ビルなどを含む全体の再開発が終了するのは2030年度末になるという[24]。

　「神宮外苑地区市街地再開発事業」は、2013年、東京五輪招致に伴う国立競技場の建て替え計画と平行して決まった。対象は神宮球場や秩父宮ラグビー場などがある約20㌶で、地権者の明治神宮、JSC、伊藤忠商事などが関わり、三井不動産が再開発計画をまとめた。その内容は、ラグビー場を解体し、球場の北側へ新設し、球場はラグビー場跡地に建て替える。テニスコートは広場にする。現状で高さ90㍍ある伊藤忠のビルは 2 倍以上（190㍍）の超高層ビルになり、そのすぐ西に、商業施設やホテルが入る185㍍のビルも建つ。イチョウ並木は残るものの、その東側の森には商業施設を建設する。

　高さ制限緩和の呼び水となったのが東京五輪の招致であった。都が1970年に条例で設けた制限は15㍍だったが、この地で国立競技場を運営する JSCが、大会招致に向け、建築家ザハ・ハディドの案を元にした高さ75㍍の新国立のデザインを発表すると、2012年 6 月に都は風致地区制度に基づく外苑一帯の建築物の高さ制限を75㍍に緩和した。建築法でいうところの「土地の合理的かつ健全な高度利用」の再開発等促進区に当たるというのがその理由であった。都は東京五輪開催決定（2013年 9 月）後の同年12月に民間開発を促す「公園まちづくり制度」を創設した[25]。

24　2019年 5 月 8 日付朝日新聞「神宮に『ボールパーク』再開発事業が本格始動」。
25　2019年 6 月17日付東京新聞「神宮100年の森　忍び寄る開発」、2019年 7 月25日付朝日新聞「神宮外苑　景観より開発」）。

　対照的に2012年ロンドン五輪では、産業革命以来の環境汚染を解決する壮大な計画が組み込まれていた。主会場は、ロンドン東部のブラウンフィールドと呼ばれる、かつての工場地帯であった。一帯は土壌汚染が深刻だった。こうした負のストックを水と緑で再生させる構想が最初に描かれたのは1944年のことだった。半世紀以上前からの悲願のひとつをロンドン五輪で実現させたのである[26]。

　2012年ロンドン五輪で掲げられたのが、貧困層が多かった東部地区の再生であった。主会場のストラッドフォード地区は化学工場の跡地だったが、汚染土壌を入れ替えて選手村を建設した。大会後、一部を低所得者向けにし、一帯は約6000人が居住する住宅街になった。移民を中心とする住人の多くを追い出す形となった弊害はあったものの、大学や美術館などの施設も加わることとなり、街づくりには成功したといわれている[27]。

　神宮外苑は東京都心の公園であり、風致地区であり、ビル街の中にあって、空の広い、緑の濃い空間として市民の憩いの場であるにもかかわらず、イチョウ並木の背景となっている木々は打ち切られ、飲食店などが建ち並ぶ模様となってしまって、東京五輪後の大規模な外苑再開発がすでに進行中だとの批判がある。

　高さ15㍍制限のある神宮外苑の中にすでに、JSCと日本青年館の合築ビルを皮切りに複数の高層ビルが建っていて、新国立競技場も前の数倍の巨大な姿を現しつつある。神宮外苑は渋沢栄一が明治神宮奉賛会を組織して、民費により全国からの拠金と青年たちの肉体労働奉仕でできあがった。当初の寄付者や労力提供者の志を裏切るものにならないか。「杜のスタジアム」「神宮の杜」は字面だとの批判がある[28]。東京五輪の主目的は東京の再開発であるとしか思えず、小さく区画が分かれていたところが大規模な施設に生まれ変わりつつある、という懸念の声もある[29]。

26　2017年2月21日付朝日新聞「新競技場に欠けたもの」。
27　2019年7月25日付朝日新聞「選手村跡地　憧れと疑念」。
28　森まゆみ「クスノキに会いに」（2019年6月24日付毎日新聞）。

それ以外にも、東京都中野区の区立哲学堂公園について、東京五輪の開催にあたり「都市観光の拠点」として公園を整備する区の計画（「井上円了学習展示施設」建設計画）を批判する声がある[30]。

6　社会的資本としての活用を

　以上のように本稿では、東京五輪における新規競技施設の大会終了後の後利用に注目し、現段階で有明アリーナを除く7競技施設で大幅な赤字が見込まれること、とくに新国立競技場の後利用には不透明感が強いこと、選手村の後利用と臨海部開発および神宮外苑開発には市場性の論理が貫かれていることを明らかにした。

　ところで、こうした課題が山積する中、スポーツ庁長官は、新規競技施設について維持管理費と利用料収入だけで収支を判断し、その赤字を問題視するのではなく、SROI（社会的資本収益率。social return on investment）という指標を取り入れて評価すべきだとする。SROIとは、単純な収支だけではなく、市民が施設でスポーツに親しむことで生み出される健康や生きがいなどを数値化し、総合的な収支を試算することを指すという[31]。

　この指摘は、後利用において市場価値の点で各競技施設が厳しい状況に置かれることへの予防線を張ったとの見方もできよう。また、市場性については、とくに公金が使われている以上、収支をめぐる予算・決算はもちろん、各施設の活動の効率性や妥当性は厳しく追求されなければならない。しかし、市場における金銭換算では把握し得ない評価基軸があるとすれば、それは社会性に軸をおいた評価であり、各施設はハード・ソフト両面において社会的資本を備えているという前提で、新規競技施設を東京五輪の実の伴った「レガシー」とすべく、静態ではなく動態として、そのあり方と方向性を抽

29　恩田陸「TOKYO再び4　居場所」（2019年1月5日付朝日新聞）。
30　武中豊「五輪便乗に疑問　自然守れ」（2018年11月22日付朝日新聞）。
31　鈴木大地スポーツ庁長官「五輪施設　新しく活用」（2018年8月2日付毎日新聞）。

象レベルではなく具体レベルで追求することの意義はある。

　そのことは、大会終了後の各々の新規競技施設について、社会的資本を軸とした運営モデルの構築にもつながる。ここでいう社会的資本とは、五輪新規競技施設が施設の管理運営、施設を拠点とした情報発信、競技施設や他のスポーツ施設、さらにはスポーツ以外の公共・民間施設との連携、施設に関連する人々との間の連携・協力など、競技施設をスポーツや文化その他の活動の機会、集い、交流、価値創出の拠点としての公共空間と捉えたソフト・ハード両面の公共性・公益性を有しかつ持続可能な価値を持った資本を指すものとする。

　東京五輪の新規競技施設を対象に、実の伴った「レガシー」とすべく、そのあり方と方向性を追求し、大会終了後の各々の新規競技施設について、社会的資本としての価値を評価する軸が必要だと考えられる。

　ここでは社会的資本を、拠点性、機能性、関係性、参画性、発信性、包摂性、展開性といったハード・ソフト両面の七つの特性から構成される資本と位置づける。施設が活動や機会の中心・拠点となり（拠点性）、実際に施設が公益サービスを提供し（機能性）、組織にせよ人々にせよ同セクター内や他セクター間での関係があり（関係性）、サービスの受容者で終わらない何らかの能動的関与があり（参画性）、施設に関わる口コミなども含めた情報の提供があり（発信性）、参加組織や参加者の多様性を認め（包摂性）、静態としての存在で終わらずに動態としての活動の維持や進展（展開性）が見られるのが社会的資本である。各々の特性を、たとえば社会的拠点性と呼んでもよいであろう。

　表2において、上記七つの特性において、ソフト面の社会的拠点性に注目した場合の各新規競技施設の事業案を提案する。

　今後は、大会終了後の国、組織委、東京都の報告書や各々の見解、新聞報道、関連の議事録や予算・決算書などの各種資料、施設運営事業体による公式説明資料の収集・分析に加え、大会終了後以降、上記機関の関係者への聞き取り、一次資料の収集、情報公開請求、現地調査（施設が提供する事業への参

表2　社会的資本としての拠点性に注目した新規競技施設の後利用事業案

競技施設名	事業案
新国立競技場	大規模スポーツ大会、コンサート、一般開放等に限定せず、スポGOMI（清掃活動にスポーツの要素を取り入れたもの）や防災スポーツ（スポーツを通じた災害への備え）、スポーツSDGs活動など、他領域の社会貢献につながる大規模事業を開催する。
有明体操競技場	展示場利用に限定せず、年齢や障害にかかわらず誰もが楽しめる「室内ゆるスポーツ」の聖地として、また、身体を動かす他のゲーム（タッチゲームなどレクリエーションゲーム）の拠点として、さらには福祉領域におけるリハビリゲームの卓越的な機会提供の場としての施設とする。
有明アリーナ	唯一黒字見込みの施設であることに安住せず、新規競技施設の後利用の先導モデルとしての役割を果たす。国際大会やコンサートなどでの活用に加えて、新国立競技場を除く他の六つの施設間を周遊するウォークラリー大会を開催したり、六つの施設を回り各々で競技体験を行ったりすることで東京五輪にちなんだ名称（たとえば東京五輪レガシー認証など）の認証を与え、全国からの認証希望者の訪問を促進する。
東京アクアティクスセンター	大会終了後に座席数を3分の1の500席に大幅削減してできたスペースを活用して、自然災害の際の洪水対応やペットボトルを使った水中で浮く技術の習得など、水辺と陸地の疑似体験環境を整備し、水の大切さ、楽しさ、怖さなどを総合的に身に付けることのできる全国的な拠点とする。
夢の島公園アーチェリー場	年間20回のアーチェリー大会の開催と芝生広場を活用した音楽イベントなどを開催するとしているが、対象をさらに広げる。有明体操競技場と対をなす形で、芝生広場を「室外ゆるスポーツ」の聖地として、また、散策コースや屋台祭りなど飲食を通じた憩いの場として慕われる公共空間の場とする。
カヌー・スラロームセンター	国際大会のほか、一般向けのラフティング体験などを開催するとしているが、「水の回廊」として、回廊周辺のスペースなど、水流と一体となった空間を活用し、たとえば描写会や短歌・川柳会などの文化事業を行う。また、東京アクアティクスセンターとのウォーターコラボ事業を展開する（泳ぐと漕ぐの融合を開催する他のコラボ事業については下記）。
海の森水上競技場	国際大会や強化合宿の開催、水上レジャー体験などが挙げられているが、全国一の多様な水上レクリエーションが体験できる拠点とする。小型船上で周辺の景観を愛でるイベントを行う。カヌー・スラロームセンターとのコラボ事業として、1日にセンターと水上競技場の両方でカヌー体験ができる催しなど、両者の特徴を融合させる事業を行う。
大井ホッケー競技場	サッカーやラクロスなど国際大会の誘致に力を入れるとしているが、屋外ニュースポーツ（ペタンク、ローンボウルズ、グラウンドゴルフ、テニスバットなど）やタッチラグビー、三角ベースボールなど、子ども世代も夢中になれるレクリエーションスポーツを含む活動の拠点とする。

加や観察を通じた情報の把握、施設利用団体や施設利用者への聞き取りなど）を通じて、競技施設の存在意義と活用のあり方を追求したい。後利用の成功事例といわれるイギリス・ロンドン東部の五輪スタジアム等の競技施設の運営・利用の現状についても把握したい。

　社会的資本としての新たな活用方策として、実際の施設運営費を検証した上で、市場性と同時に社会性を重視した、より低廉な事業費と利用料を基本とした事業の提案が課題となる。新規各競技施設の社会的資本としての活用は、夏季・冬季を問わず、住民の反対による立候補取り下げなど岐路に立つ五輪を対象に、今後の五輪における大会終了後の施設運営のあり方に影響を及ぼすものと思われる。

　最後に、2012年ロンドン五輪における東部地区開発の考え方と、新国立競技場の建設とその周辺の人工地盤・緑地化と明治神宮外苑についての考え方との重大な違いに言及しておきたい。前者では、産業革命期の重い課題である東部地区の荒廃からの脱出と復興を70年近くかけて五輪すなわち「スポーツの力」で実現した。かたや人工地盤・緑地化や外苑開発では、先人が100年単位で構想し実現した緑の空間を、同じ「スポーツの力」で潰そうとしているのではないか。市場にではなく社会的資本に軸足を置くならば、前者の創造行為とは対照的に、後者は破壊行為に突き進んでいることになる。その意味で、新国立競技場を「端麗」「典雅」「クールビューティー」などと讃える行為[32]には、決して同調できない。

32　新国立競技場についての以下のような記載（抜粋）がそれである。「１年後に迫ったこんどの大会も、メインスタジアムは外苑である。あまたの記憶を宿した建物を取り壊し、新築した競技場が全容を現してきた。宇宙船のような異形の旧案を土壇場で退け、ついに誕生した建築は端麗、典雅、クールビューティー。内側に木を貼りつめたひさしと、それを支える白い列柱とが構成する回廊に向き合えば、おお、口笛でも吹きたくなる。けれど（略）近寄って見上げたときに感じる重さは、いかんともしがたい。高さ47㍍。旧競技場の比ではない。どうしても新しいスタジアムが欲しいという空気が、敷地からあふれそうな、この『彫刻』をかたどった」（2019年7月7日付日本経済新聞「歴史の文脈から離れて」。略は中村）。

第5章　東京五輪をめぐる統治の歪み

1　五輪ムード盛り上げの死角

　2020年東京オリンピック・パラリンピック大会（以下、東京五輪）の開催年を迎え（2020年1月現在）、大会を盛り上げる機運が本格化しつつある。たとえば新聞報道では、競技日程の一覧や新国立競技場などとくに新規競技施設が有する景観、構造、機能をめぐる技術上の工夫を紹介したり、メダル獲得が有望な種目の選手を特集したりといったムード盛り上げが、本腰を入れた形で演出され始めている。

　もちろん、1964年東京大会以来、50数年ぶりの東京での開催であり、この大規模スポーツイベントを歴史的僥倖と捉える人々も多く、新聞報道に限らず、こうした人々の期待をさらに高めるような情報提供やカウントダウンのイベント開催を重ねることは、東京五輪の関係者にとってはごく当たり前の流れなのであろう。しかし、ムード盛り上げに水を差す指摘や東京五輪に批判的な見解が、かき消されてしまう傾向もまた醸成される。東京五輪は成功裏に終わる、という結論がすでに開催前の段階で固まっているからである。

　本稿では、東京五輪をめぐる盛り上げ一辺倒のムード醸成の網羅・浸透に懸念する立場から、東京五輪の事業変更と事業説明における二つの事例を取り上げ、そこから見出される論理矛盾の行為を明らかにする。具体的にはマラソン会場変更（事業変更）と大会経費（事業説明）に注目する。

　マラソン会場の札幌変更について、一見、「アスリートファースト」を掲げた国際オリンピック委員会（IOC）の説明が的を射ているかのような論調が目立った。しかし、変更に至るプロセスを注意深く観察するならば、この

フレーズは単に論理すり替えの道具として用いられたに過ぎず、開催都市である東京都の意思が示されるのを意図的に避ける形で、五輪の崇高な理念に反する姑息ともいえる手続によって、変更が決定づけられたといえる。

　大会経費について、とくに国（政府）の負担をめぐる説明に焦点を当てる。「大会関連経費をどこで線引きするかは困難である」という国による説明は、一見、正鵠を得ているかのように受け止められている。国の負担である直接経費1500億円にしても、東京五輪経費の総額は1兆3500億円とするIOCの厳命によるもので、致し方ないとする雰囲気すらある。しかし、会計検査院の報告を受け、本来、国は「直接」経費に組み込むべき経費を「関連」の名の下、後者に意図的に滑り込ませ、国の直接経費1500億円を変更せずに、開催前の最終報告とし今日に至っている。国は、直接経費とは何かを関連経費を持ち出すことでぼかしているのである。五輪の理念に反する姑息的ともいえる説明行為である。

　以下、最初にIOC、国、大会組織委員会（組織委）、東京都（都）との間のトップダウン型の相互連結性を把握するために、二つの先行研究を紹介する。次に札幌へのマラソン会場変更の背景とプロセスを上記関係者・関係組織との連結性の側面から記載する。そして、東京五輪における国負担の経費をめぐり、とくに会計検査院による指摘内容と国（政府。具体的には内閣官房オリパラ大会推進本部）の説明内容との乖離について記載する。最後に、マラソン会場変更と大会経費説明における共通の特性について考察する。

2　グローバル・ローカル結合体

　チェペレット（Jean-Loup Chappelet）らによれば、IOC会長は管理職のトップに位置するがゆえに、巨大な権限を持っている。IOCは自らを「協調の触媒者（catalyst for collaboration）」と認識しており、より堅実な構造、とりわけガバナンス課題やリスクマネジメントに対応し、管理運営の技術官僚的（technocratic）なスタイルへの変化を伴うようになった。五輪憲章の規約

（Rule）7において、IOC は五輪大会に関わるあらゆる権利とデータを保有し、かなりの程度国家から独立している。

　15名からなる IOC の理事会（Executive Board）は、IOC 内における権限の源である。IOC 会長の任命によるメンバーから構成されるおよそ25の専門委員会があり、管理職にあるさまざまな職員の活動を監視する。五輪憲章は、IOC が調整に乗り出す際の、法令と手続ルール（procedural rules）として作用してきた。

　IOC は、五輪システムにおいて、利害関係者、選手とその両親、コーチ、関係職員、ファン、開催都市、スポンサー、放送メディアなどに対して説明責任を果たされなければならない。さらに、五輪に関わるスポーツ組織が利用可能な人的資源と財政資源について、スポーツの普及や特定のスポーツの目的のために使われていることが示されなければならない、と指摘する[1]。

　そして、ミセナー（Laura Misener）らによれば、スポーツとその展開において、特定の考えを押し進めるグローバルな諸勢力と、それに対する地方の理解との間には緊張が存在する。国際組織によってグローバルな支配行使のためにスポーツが利用される事例があり、それはしばしば地方レベルにおける利害とは反するものとなる。国際組織の戦略的中心は、地方組織や地域社会のそれとは明らかに異なる。しかし、国際レベルの多大な組織力や資源は、ローカルレベルの理解、注目点、望まれている成果を凌駕し得る。

　また、グローバルなイベント、決定、活動に重要な影響を及ぼすところの、国家と社会との間の相互連結が存在する。イベントは諸個人や地域社会に影響を及ぼす一方で、地域・国家・国際社会とも重要な関係性を有する。こうしたグローバル世界、国家、地域（regional）、ローカル（local）が連なる「グローバル・ローカル結合体（global-local nexus）」では、あらゆるレベルに

1　Jean-Loup Chappelet and Brenda Kubler-Mabbott, *The International Olympic Committee and the Olympic System, The Governance of World Sport*,（Routledge, Anbingdon, 2008）, pp.24-34, pp.175-178.

おいて相互に影響を及ぼし合うプロセスが見られる。そして、IOC のグローバルな権限が、支援を受ける地方組織や社会に対しトップダウンでなされるアプローチもしばしば見られる、という[2]。

　チャペレットは、IOC 会長や上層部は強力な権限や決定権を有するがゆえに、関係者への説明責任を遂行することが重要だとした。ミセナーは、「グローバル・ローカル結合体」を見出した。東京五輪でいえば IOC、組織委、国（政府）、都が結合体の構成メンバーであり、同時に統治行為のコアメンバーである。

3　合意なき会場変更

　2020年東京五輪のマラソン・競歩について、IOC（調整委員会）、組織委、国、都の四者協議が2019年11月1日に開かれ、札幌市での開催が決まった。協議では、①会場変更の権限は IOC にある、②札幌移転した際の経費は都に負担させない、③都が支出したマラソン・競歩の関連経費のうち別の目的で活用できないものは都に負担させない、④その他の競技は会場変更しない、の四点が確認された[3]。

　都との協議がないまま、IOC が唐突に移転計画を発表したのが2019年10月16日であった。札幌開催計画が知らされたのは IOC の発表直前の10月15日であった。一方、組織委には遅くとも同8日ごろまでに伝達されていた可能性があり、「東京都外し」の構図があった。都知事は反発を強めたが、競技の開催地の最終決定権限を持つ IOC が、計画は「決定事項」との強硬姿勢を示した[4]。暑さ対策に開催地変更を求める声は以前からあったが、「アスリートファースト」を唱える IOC 主導で、なし崩し的に物事が決まって

2　Laura Misener and Kylie Wasser, "International Sport Development", *Managing Sport Development, An International Approach*, Emma Sherry, Nico Schulenkorf and Paamm Phillips ed., (Routledge, Anbingdon, 2016), pp.31-39.
3　2019年11月2日付朝日新聞「マラソン・競歩は札幌　決着」。
4　2019年11月2日付下野新聞「都知事に決着お膳立て」。

表1　東京五輪マラソンと競歩の開催地変更をめぐる動き

9月27-29日	ドーハの陸上世界選手権の女子マラソンと競歩で棄権者が続出
10月15日	組織委事務総長が都知事に札幌移転案を伝達
10月16日	IOCが移転案発表
10月25日	IOCのコーツ調整委員長（「移転案は撤回しない」）と都知事（「東京開催の気持ちに変わりはない」）との会談
10月30日	IOC調整委員会会議。調整委員長「必ずコンセンサスを実現する」。都知事「互いの信頼なしに大会の成功はない」
11月1日	四者協議。調整委員長「IOCに会場変更の権限がある」。都知事「同意はできないが、IOCの決定を妨げることはしない。合意なき決定だ」

資料：2019年11月2日付産経新聞「五輪マラソン　札幌決定」。

いった[5]。

　表1はマラソン札幌移転をめぐる経緯をまとめたものである。

　2019年10月31日の四者実務者協議の場で、関係者によると、都側が会場変更におけるIOCの権限についてIOC側に疑問をぶつけたところ、「なぜならこれがIOCだからだ」で終わったという。

　五輪の競技施設や競技スケジュールについては、開催地がその国・地域の五輪委員会（NOC）などと協力して設立する組織委員会が、IOC調整委員会の指導を受け、各競技の国際団体（IF）とも協議した上でIOCに提案することとなっている。IOC理事会が承認して決定するのが通常のパターンであるが、今回のように事前に問題提起することもなく、すでに理事会で承認していた競技会場の変更を一方的に決めたのは異例の事態であった。一方、強引さの背景には、五輪開催地について、すでに2028年ロサンゼルスまでの各大会が決定済みであり、2030年冬季は東京五輪のマラソンと競歩の舞台となる札幌が招致の意向を示していることも指摘された[6]。

　五輪の花形種目であるマラソンが開催都市以外で実施されるのは初めてである。巨額の経費を負担する開催都市を軽んじ、強引に変更案を推し進めた

5　2019年11月2日付朝日新聞「選手の努力　知るからこその議論を」。
6　2019年11月14日付日本経済新聞「IOCの強力な権限」。

IOC の手法が、日本側の関係者の心に大きなしこりを残したことは間違いない、との批判があった[7]。

　都や組織委などが IOC と結ぶ「開催都市契約」には、「調整委が解決できない問題がある場合、あるいは、調整委の勧告に従って行動することをいずれかの当事者が拒否した場合、IOC が最終的な決定を行う」とある。契約は IOC 総会で開催都市に決まった直後に結ぶことになっており、2013年 9 月に都、JOC、IOC の三者の間で結ばれた。組織委も2014年に契約を結び、内容は2017年 5 月に公表された。

　また、IOC が 7 、 8 月開催を求めるのは、巨額の放映権料を払う米テレビ局に配慮し、欧米の人気スポーツのシーズンと重ならないようにするためである[8]。2020年大会招致で中東・カタールのドーハは酷暑を避けるため、10月開催を提案し、 1 次選考で落選した。2019年 9 月から10月にあったドーハでの陸上の世界選手権は、暑さ対策でマラソンと競歩を夜中に行ったが、棄権者が続出した[9]、という背景がある。

　皮肉にも、都の招致時の立候補ファイルには「この時期（7 月24日〜 8 月 9 日）の天候は温暖であるため、アスリートが最高の状態でパフォーマンスを発揮できる理想的な気候」と記された。都に比べて平均気温が 3 〜 4 度低い札幌市でも温暖化の影響はあり、陸上関係者からは「札幌でも暑い日は暑い」と懸念の声が挙がった[10]。

7　2019年11月 2 日付産経新聞「五輪マラソン　札幌決定」。

8　五輪憲章には「競技実施期間は16日間を超えてはならない」とあるだけで、夏季五輪の開催時期に関する文言はないものの、1992年バルセロナ大会以降、南半球の2000年シドニー大会を除き、すべて 7 〜 8 月に開催されている。背景には放映権料に頼る IOC の財政構造があるとされる。2014年ソチ五輪以降の冬季、夏季計10大会で120億㌦（約 1 兆3000億円）の放映権料を支払う米テレビ局の意向は無視できない。東京五輪では、IOC が立候補都市に 7 月15日から 8 月31日の間で開催計画を立て、立候補ファイルを作成するよう要求した（2019年11月 2 日付産経新聞「 7 〜 8 月開催　IOC 譲らず」）。

9　2019年11月 2 日付朝日新聞「譲らぬ IOC　折れた都」。

10　2019年11月 2 日付毎日新聞「真夏開催　もはや限界」。具体的には以下のような記載がある。札幌では2019年 7 月末、記録がある1961年以降で初めて 3 日連続で最低気温が25度を下回らない「熱帯夜」になった。女子マラソンを開催予定の 8 月 2 日について、今年の最高気温を比べ

今回のIOCの決定について、「ビジネスのために真夏に開催する五輪のゆがんだ現実と向き合い、是正に乗り出したとは思えない。マラソン、競歩以外の会場は変更しないと約束した。自転車のロードレースやトライアスロンなどアスリートの健康を脅かす種目はほかにも少なくない」との批判があった[11]。

IOCは2014年に発表した改革方針「アジェンダ2020」で「地理的要因や持続可能性」に支障がある場合、開催都市以外での複数競技の実施や、例外的には国外での開催も容認するとの方向性を示し、五輪憲章の改定もこれに沿って行われた、という事実がある。

しかし、マラソンや競歩以外にも、東京五輪ではトライアスロンや馬術など、暑さの危険が指摘される競技がある。「選手第一主義」の理想が、商業主義にねじ曲げられる状況はもはや放置できない、との意見があった[12]。

IOCの強権を前に組織委と都は一枚岩となれず、スポーツ界には存在感がない。全ての問題に通底しているのは、決定過程の分かりにくさであり、透明性の欠如である、との批判があった[13]。

五輪マラソンの開催場所の札幌への変更も「暑さを避けるためには仕方がない」とする生温かい見方が多い。そもそもの問題点は、真夏の東京での五輪開催を決めたことにあったはずであり、この問いに答えを出さないまま招致した浅慮が、浮き彫りになっただけである。五輪には成功か、失敗かの明確な基準はなく、この先何が起ころうとも、運営側は、東京五輪は成功だっ

ると東京は35.1度で、札幌は34.2度。札幌市消防局によると、8月の熱中症疑いによる救急搬送は127件（速報値）で、前年の51件、前々年の13件から急増している、というものである（同）。

11　2019年11月2日付日本経済新聞「五輪の持続可能性　岐路」。

12　滝口隆司「秋開催を考える時だ」（2019年11月21日付毎日新聞）。この中で商業主義に関して、IOCが出したマーケティング統計（19年版）の4年ごとの集計を見ると、13〜16年はテレビ放映権料収入が全体の73％を占め、額は41億5700万㌦（約4531億円）にのぼる。とりわけ、NBCは14年ソチ五輪と16年リオデジャネイロ五輪で20億100万㌦（約2181億円）を支払っている。2032年夏季五輪（開催地未定）まで契約を結び、ソチ五輪から計10大会の総額は約120億㌦（約1兆3080億円）に達している、と記載されている（同）。

13　2019年11月25日付産経新聞「祝祭へ透明性を重視せよ」。

たと言い張るだろう、との見方があった[14]。

　IOCは7、8月に限定している五輪開催期間を見直すべきだとの都知事からの指摘について、IOC調整委員長は、「今はこの期間を変えるより、開催場所を柔軟に選択することで対応したい。7、8月は、他の主要競技が薄く、五輪を世界中の視聴者に届けられる。米NBCなどがこの時期を評価するのはそのためだ。我々にとっては、放映権料とスポンサー料を確保することにつながる。IOCの収入の90％は、各国五輪委や国際競技連盟、五輪組織委員会の補助に拠出されており、それは五輪とスポーツの未来を支える収入源でもあるからだ。ただ気候変動が進む今後の五輪のあり方は、招致から考えなければならない時に来ているとも思う」と答えた[15]。

　以上のように、マラソン会場の変更をめぐり、IOCは都を除外する異例な進め方で、札幌への移転決定を行った。また、その根拠や背景を踏まえた上での批判が展開された。

4　会計検査院と国の乖離

　次に、もう一つの焦点である大会経費に目を向ける。2019年12月4日に公表された会計検査院報告とそれへの組織委・国（政府。内閣官房大会推進部）の応答（東京五輪前における大会経費の最終決定）を対象に、新聞報道にもとづく情報を整理・把握する。とくに大会関連経費をめぐる会計検査院と国との捉え方の違い・乖離を明らかにする。また、国負担の大会直接経費1兆3500億円の据え置きと内訳について記述する。

　会計検査院は2018年10月に、国が東京五輪の関連事業として挙げた支出は2013〜17年度で286事業8011億円に上るとする試算を公表したが、今回、前回と同じ算出方法で、各府省庁に照会した2018年度までの15分野71施策の支出を試算した。その結果、新たに国立競技場整備に620億円、ナショナルト

14　武田砂鉄「長期政権で奇妙な『空気』」（2019年11月30日付朝日新聞）。
15　2019年11月3日付読売新聞「コーツ氏『感動喪失埋める』」。

レーニングセンター拡充に103億円、セキュリティ関連事業の本格化に148億円など、2600億円近く増え、総額で1兆600億円に上ると指摘した（マラソンと競歩の札幌移転は報告直前に浮上したため算出せず）。

　さらに、報告の中で検査院は、全国から動員される警察官の仮設待機施設整備など134億円が本来は直接経費となるにもかかわらず、支出が来年度以降となるため、予算として公表されていないと指摘した。また、国立競技場をめぐっては、大会後に民営化が遅れた場合、その間の維持管理費として国の負担が生じる可能性を指摘した。

　内閣官房大会推進本部は「関連性が極めて薄いものまで含まれ、大会経費とするには正確性に欠ける」とのコメントを出した[16]。

　会計検査院からすれば、スポンサー収入、チケット収入、マーケット収入、IOCからの支出金の合計56億㌦（約6000億円）を除けば、全ては国税、都税、他の開催地自治体の地方税の収入が当てられている点を重視する。五輪チケットの購入倍率は日本では約20倍に達しており、納税者がチケットを購入できないのはおかしいという意識も持っている。その他に、「五輪は巨大プロジェクトにおいて唯一予算を超過してしまう驚くべき存在である」との研究上の知見もある[17]。

　会計検査院の念頭には「業務内容や経費の規模の全体像を把握して、公表すべきだ」との考えがある。国は「どこまで大会経費とするか、厳密な区分けは難しい」と反論した。国は、2018年10月の検査院の指摘を受け、8011億円を「（A）大会と直接関連する支出1725億円（B）大会と行政サービスとの線引きが難しい支出5461億円（C）大会との関連性が比較的低い支出826億円」に三分類した。2019年1月に発表した2013〜19年度予算案に計上した大会関連費用の総額約2197億円は（A）のみを計上したものである。

　国の姿勢に対し、検査院は2019年の検査で、国が（B）とした事業から、

16　2019年12月5日付毎日新聞「五輪　国の支出1兆円超」。
17　"Tokyo 2020 Organizers Put Price Tag as ¥1.35T". (The Japan Times on Sunday, December 22, 2019.)

より関連性の高い部分を抽出する作業を試みたが、算出は難航し、結局、18年と同じ算定方法をとった。検査院は、「線引きできないなら大枠を示すしかない」との立場であった。これに対して、国は、「3段階の区分けで役割は果たしていると考えており、細かい区分けには無理がある」との主張であった。両者の応酬は平行線のまま今日に至っている[18]。

　内閣官房大会推進本部は2019年1月に、2019年度までに計上した国の「関係予算」は約2197億円だと発表した。組織委公表の約1500億円とは別に約1380億円の関連経費があることを認めたことになるが、それでも、検査院の指摘額とは大きな差が生じていることが明らかになったのである[19]。

　2019年12月20日に公表された、予算の最終版となる大会直接経費は1兆3500億円と、2018年末に公表した第3版から据え置いた。増えた費目は他の費目を減らすなどして、経費を抑えた。国が負担する経費は恒久施設の整備費など1500億円で、前回からの変更はなかった。

　立候補時点では7300億円と公表していたが、招致成功後に再検討した結果、新規施設の整備費が膨らみ、数兆円になるとの試算もあった。都と組織委は経費削減に着手し、2016年12月に発表した第1版では1兆5000億円とした。輸送費用などを見直し、17年の第2版と18年の第3版は1兆3500億円にまで抑えた[20]。

　大会に直接使う経費は3年連続据え置きで、IOCに上限とされている1兆3500億円となった背景には、五輪にかかる費用を少なく見せたいIOCに対する配慮があった。予算編成は、2017年末の第2版で定めた、組織委と都が各6000億円、国が1500億円で計1兆3500億円という枠組みを守ることが前提であった。今回の最終版も、都の負担だった競歩関連30億円を札幌移転に伴って組織委に付け替え、組織委は6030億円、都は5970億円とした以外は、大枠や総額を維持した。IOCは経費削減を最優先として、上限を守るよう

18　2019年12月5日付毎日新聞「五輪に3兆円　現実味」。
19　2019年12月5日付朝日新聞「五輪『関連事業』どこまで」。
20　2019年12月19日付日本経済新聞「五輪予算　1.35兆円で確定」。

組織委に厳命していたからである[21]。

　組織委は大会に直接必要な経費に限って計算しているが、経費の全体像に迫るものではないとの見方がある。経費は限定的に算出されていて、国の負担は国立競技場の整備費など1500億円としたままで、サイバーセキュリティ演習やドーピングの検査員の育成などは、依然含まれていないと指摘された。会計検査院は国の負担を340事業の1兆600億円と試算した。五輪担当相も一部は大会経費として認め国の負担は2600億円になるとした。都も別に暑さ対策の道路の遮熱舗装などを「大会関連経費」として約8100億円計上し

表2　東京五輪の最終予算（大会直接経費）の内訳（億円）

	組織委員会	東京都	国	合　計	増減（第3弾予算との比較）
●会場整備	1870(400)	4960(200)	1400(200)	8230(800)	130
恒久施設	–	2260	1200	3460	10
仮設等	1010	2020			10
エネルギーインフラ	160	330	200	4770	70
テクノロジー	700	350			40
●大会運営	4060(200)	910(100)	100(100)	5070(400)	20
輸送	410	300			120
セキュリティ	330	520			▼120
オペレーション	1240	90	100	5070	190
管理・広報	650	0			0
マーケティング	1250	0			0
その他	180	0			▼170
●調整費	100	100	–	200	▼150
計	6030(600)	5970(300)	1500(300)	13500(1200)	0
予備費	270	–	–		

注：単位は億円、▼はマイナス、カッコ内はパラリンピック経費。－は未公表。
資料：2019年12月21日付毎日新聞「五輪経費1兆3500億円」。

21　2019年12月21日付朝日新聞「五輪経費　苦肉の1兆3500億円」。

た。組織委・国は大会後のレガシー（遺産）となる性格の強い事業は経費からの切り離しを図っており、その方針下での予算編成であり、そのことが会計検査院算出の総額3兆円と大きな隔たりを生んでいる、との指摘があった[22]。

　表2は、東京五輪の大会直接経費の最終版予算の内訳である。1兆3500億円というタガをはめられた中での政府の苦肉の策[23]が透けて見える。

5　Ａ分類の中身

　2019年12月の会計検査院報告では、内閣官房大会推進本部が「ABC分類においていずれも大会の準備、運営等に特に資すると認められる業務としてＡ分類に整理されている」施策を「オリパラ関係予算」と位置づけている点を確認した上で、2013～19年度のオリパラ関係予算（9府省等の計56事業）が計2197億200万円となっていると記載した。また、「全体の大部分を占めるのは文部科学省所管分」であり、その合計は1916億6000万円であると記した[24]。

　そこで、文科省所管の上記予算の事業別内訳（新国立競技場整備費は除く）を示したのが、表3の各種事業と支出額である。一目瞭然、いずれの事業も大

22　2019年12月21日付毎日新聞「五輪経費1兆3500億円」。
23　背景にはIOCの厳しい監視の目があるという。予算策定の過程でIOC（ファイナンスチーム）は設備のスペックや発注方法の見直しを求め、コスト削減を強く要請した。大会関係者は「座席の単価が高くないか」「資材は購入ではなくリースでできないか」など、事細かに口を出してきたという。そこには予算が膨張すれば、大会の印象が悪くなるという危機感がある。2022年冬季大会の招致レースにおいて、ミュンヘン（ドイツ）やストックホルム（スウェーデン）、オスロ（ノルウェー）など有力とされた都市が相次いで脱落した。「経費が巨額」とのイメージが膨らんだ五輪に、住民たちが住民投票などで「ノー」と突きつけたのである。IOCは、2014年に開催都市の負担軽減などを盛り込んだ中期改革案を採択し、2018年には118項目のコスト削減策をまとめた「新基準」を公表した、との記載がある（2019年12月21日付日本経済新聞「IOC、厳しい監視」）。
24　会計検査院「東京オリンピック・パラリンピック競技大会に向けた取組状況等に関する会計検査の結果について」（2019年12月）、21頁。

表3　「A 分類」該当の文科省オリパラ関係予算（2013〜18年度。計1,192億8,700万円）

●競技力の向上（8事業。計56,534）		（百万円）
事業名	事業概要	支出額
① 競技力向上事業（JSC）	大会における日本代表選手のメダル獲得に向けて、各競技団体が行う日常的・継続的な選手強化活動を支援するとともに、大会で活躍が期待される次世代アスリートの発掘・育成等の戦略的な選手強化を実施	34,449（JSCにおける支出額）
② 日本オリンピック委員会補助	国際総合競技大会への日本代表選手団の派遣及び日韓競技力向上スポーツ交流等を実施	5,119
③ 日本障がい者スポーツ協会補助（競技力向上推進事業等）	国際総合競技大会への日本代表選手団の派遣及び国際競技力向上に資する情報収集・提供等を実施	215
④ 次世代アスリート特別強化推進事業	メダルの獲得が期待できる競技を選定し、次世代のトップアスリートを育成するための中・長期的な強化戦略プランに基づく強化活動全般を統括するナショナルコーチ及びより実働的に強化に取り組むアシスタントナショナルコーチを設置することにより、競技団体の更なるレベルアップを図る。	761
⑤ 2020ターゲットエイジ育成・強化プロジェクト	大会において活躍が期待される年代の競技者に対する特別育成・強化プロジェクトを実施することにより、スポーツ基本計画の目標に掲げる金メダルランキング世界3位〜5位を目指す。	1,024
⑥ ハイパフォーマンス・サポート事業	メダル獲得が期待される競技をターゲットとして、多方面から専門的かつ高度な支援を戦略的・包括的に実施	13,143
⑦ 女性アスリートの育成・支援プロジェクト	女性特有の課題に着目した調査研究や医・科学サポート等による支援プログラム、女性競技種目における強化プログラム、女性エリートコーチの育成プログラムを実施	1,497
⑧ スポーツ国際展開基盤形成事業（2016年度当初予算：国際情報戦略強化事業）	・国際的地位の向上、国際競技大会等の招致・開催、スポーツを通じた国際交流・協力等の我が国のスポーツ国際政策を統合的に展開し、その効果を最大限に高めるために、官民合同の「スポーツ国際戦略会議」を設置するとともに、国内外の政策・情報を収集・分析し、共有・活用する国際情報収集・分析拠点を形成 ・上記の基盤を活用し、国際競技連盟役員等の選挙及び国際的な人材の育成を支援	323

●強化・研究拠点の在り方（7事業。計25,614）		（百万円）
① ナショナルトレーニングセンター競技別強化拠点施設活用事業	NTCのみでは対応が困難な冬季、海洋・水辺系、屋外系のオリンピック競技、高地トレーニング及びパラリンピック競技について、既存の施設を活用した事業を実施	4,104

② ナショナルトレーニングセンターの拡充整備（JSC）	我が国のトップレベル競技者が、同一の活動拠点で集中的・継続的にトレーニング・強化活動を行うための拠点施設である NTC のオリンピック競技とパラリンピック競技の共同利用化等による機能強化を図るために、NTC を拡充整備	18,356（JSC における自己収入を財源として実施した額を含む）
③ ハイパフォーマンスセンター情報システムの基盤整備	我が国の国際競技力が中長期的に成長していくための基盤として必要となる先進的な情報システム基盤を整備	1,008
④ ハイパフォーマンスセンターの基盤整備	ハイパフォーマンスに関する情報収集や、競技用具の機能を向上させる技術等を開発するための体制を整備し、大会等に向けた我が国アスリートのメダル獲得の優位性を確実に向上させる取組等を実施	1,760
⑤ スポーツ研究イノベーション拠点形成プロジェクト	スポーツに関する独創的で革新的な研究、地域・組織の特性を最大限にいかした斬新的な研究について、次世代の中核を担う優秀な若手研究者の育成への取組を含めて行う機関を「スポーツ研究イノベーション拠点」として指定	352
⑥ トップアスリートの強化・研究活動拠点の機能強化に向けた調査研究	我が国の NTC 中核拠点、NTC 競技別強化拠点及び国立スポーツ科学センターの効果を分析するとともに、メダル獲得上位国や NTC 中核拠点、地域のトレーニング拠点及びスポーツ科学センターの機能や連携状況が優れている諸外国の調査・分析を行い、我が国の強化・研究活動拠点の更なる機能強化に向けた調査研究を実施	19
⑦ パラリンピックに向けた強化・研究活動拠点に関する調査研究	我が国のパラリンピックアスリート等のニーズ調査や諸外国の強化・研究活動環境に関する調査を踏まえ、強化・研究活動拠点の整備・運営に関する検討課題（設置形態、設置形態に応じた役割や機能等）について検討するなど、パラリンピック競技に関する強化・研究活動拠点に関する調査研究を実施	11

●国内アンチ・ドーピング活動体制の整備（1 事業。計1,179）		（百万円）
① ドーピング防止活動推進事業	ユネスコ「スポーツにおけるドーピングの防止に関する国際規約」における「国の役割」であるドーピングの防止に関する教育・研修及び研究に係る取組を実施	1,179

●教育・国際貢献等によるオリンピック・パラリンピックムーブメントの普及、ボランティア等の機運醸成（3 事業。計4,546）		（百万円）
① スポーツ・アカデミー形成支援事業	IOC、JOC、NOC、体育系大学等が連携して、オリンピズムの普及とスポーツ医科学研究の推進を図るために、IOC 関係者等を教員等として招へい、国際的なスポーツ界での活躍が期待される人材の受入れ・養成を行う中核拠点を構築	2,343

②　戦略的二国間スポーツ国際貢献事業	大会に向けて、スポーツの力を日本から世界へ発信すべく、開発途上国を中心にスポーツを通じた国際貢献、国際交流を実施	1,277
③　国際アンチ・ドーピング強化支援事業	・アンチ・ドーピング活動が遅れている国へのドーピング防止教育・研修パッケージの導入・普及、人材育成支援、それらを支える研究開発、国際会議・シンポジウム開催等を通じ、世界のスポーツにおけるドーピング撲滅に貢献 ・アジアのアンチ・ドーピング防止活動等の発展を促進するために、アジア・ドーピング防止基金及び世界ドーピング防止機構（新研究基金）に対して、資金を拠出	926

●国内のオリンピック・パラリンピックムーブメントの普及（2事業。計941）		（百万円）
①　オリンピック・パラリンピック・ムーブメント全国展開事業（オリンピック・パラリンピック・ムーブメント調査研究事業）	オリンピック・パラリンピック・ムーブメントを全国に波及させ、大会の成功に資するために、オリンピック・パラリンピック教育を全国に展開	860
②　学校でのオリンピック・パラリンピック理解促進事業	全国の学校でオリンピック・パラリンピックの意義・役割等の教育を促進するための指導参考資料を作成し、オリンピック・パラリンピック教育を促進	81

●スポーツ・文化・ワールド・フォーラムの開催（1事業。473）		（百万円）
①　スポーツ・文化・ワールド・フォーラムの開催	観光とも連動させつつ、スポーツ、文化、ビジネスによる国際貢献や有形・無形のレガシー等について議論、情報発信する国際フォーラムを官民協働で開催することで、国際的な機運の向上に資するとともに、最先端科学技術分野を始めとする様々な分野において、対日直接投資の拡大等に寄与する情報を発信	473

●東京パラリンピック競技大会開催準備（1事業。30,000）		（百万円）
①　東京パラリンピック競技大会開催準備	大会開催経費のうち、関係者（東京都、大会組織委員会、国、会場所在自治体）間の2017年5月の合意を踏まえて、国の経費分担として、パラリンピック競技大会開催準備に必要な経費の一部を負担	30,000（国から東京都への交付額）

注：新国立競技場の整備は除く。金額の単位は百万円。
資料：会計検査院「別図表1　各府省等が実施する大会の関連施策に係る事業別の支出額一覧（平成25年度〜30年度）」及び同「東京オリンピック・パラリンピック競技大会に向けた取組状況等に関する会計検査の結果について」（2019年12月、156-173頁）から抽出・作成。

会直接経費に該当する。

　表4は、文科省所管事業と比べると相対的に額は少ないものの、いずれも大会の直接経費と見なすのが妥当である他府省等のオリパラ関係予算事業である。

表4　「A分類」の他府省庁等オリパラ関係予算（2013〜18年度。合計39億4,300万円）

●大会運営に係るセキュリティの確保（7事業。計907）			（百万円）
府省等名	事業名	事業概要	支出額
内閣府 （警察庁）	① 海外における情報収集要員の配置	大会を標的とした国際テロ関連情報を含む各種情報収集体制の強化、海外治安情報機関との連携を図るために、事案対処を中心とするテロ関連情報等の収集を行う要員の配置を実施	19
内閣府 （警察庁）	② 海外治安情報機関係者の招へい	大会に際して予定している各国治安情報機関を対象とした情報センターの設置に向けて、英国等のオリンピック開催経験国の治安情報機関関係者の招へいを行い、セキュリティに関する情報交換等を実施	1
内閣府 （警察庁）	③ 東京オリンピック・パラリンピック対策に係る新たな警備手法に関する調査研究	2012年ロンドン大会等における警備手法をまとめた報告書の作成に向けて、調査研究を実施	2
国土交通省	④ 小型測量船の代替整備	大会におけるテロの未然防止、デモ活動に対応するために、東京港等の詳細な海洋調査を実施し、海上警備体制構築に必要な最新の情報を含んだ警備用参考図等の整備を行うための小型測量船の代替整備を実施	864
国土交通省	⑤ 警備実施体制構築のための調査	大会におけるテロの未然防止、デモ活動に対応するために、関係機関からの情報収集や研修の受講を実施	5
国土交通省	⑥ 特殊警備隊の能力維持に係る武器更新	大会におけるテロの未然防止、デモ活動に対応するため、特殊警備隊の能力を維持するために、資機材の代替整備を実施	10
国土交通省	⑦ けん銃の代替整備	大会におけるテロの未然防止、デモ活動に対応するために、けん銃の代替整備を実施	6

●警戒監視、被害拡大防止対策等（1事業。計21）　（百万円）

厚生労働省	①　外傷外科医養成研修事業	大会に向けた救急医療提供体制の整備を図るために、爆発物や、銃器、刃物等の外的要因による創傷（切創、銃創、爆創等）により生じた外傷治療を担う外科医を育成し、負傷者への医療提供体制を整備	21

●NBC（核・生物・化学物質）テロ対策の強化（1事業。計219）　（百万円）

厚生労働省	①　化学災害・テロ対応医薬品の備蓄	「化学テロリズム対策についての提言」（厚生科学審議会健康危機管理部会。2014年7月）において、東京大会等大規模国際イベントに備えて解毒剤の備蓄など化学テロについての対応強化の必要性が指摘されたこと等を踏まえ、2014年度に備蓄を開始	219

●CIQ体制の強化等（1事業。計17）　（百万円）

農林水産省	①　2020年東京オリンピック・パラリンピック競技大会馬術競技場における衛生管理事業委託費	大会における馬術競技において、馬ピロプラズマ病の我が国への侵入及び競技出場馬へのまん延を防止して円滑な大会実施に資するために、馬術競技場及びその周辺におけるダニの生息調査を実施し、生息分布状況を踏まえた駆除及び駆除効果を測定し、清浄性を確認	17

●大会開催時の輸送（1事業。計3）　（百万円）

内閣府（警察庁）	①　オリンピック開催時における交通対策の視察	大会で実施する交通対策の検討に当たり、2016年開催のリオ大会における交通状況の把握及びオリンピック・レーン等各種交通対策の視察	3

●暑さ対策・環境問題への配慮（5事業。計484）　（百万円）

環境省	①　東京オリンピックを契機とした一般廃棄物の統一分別ラベル導入検討事業	大会では、外国人を含む多くの観光客が東京都市圏を訪れ、大量の廃棄物の排出が予想されるため、分かりやすく、実効性の高い分別方策について検討を行い、分別ラベル等の運用に関するガイドラインを策定し、認知度向上と普及を図る。	36
環境省	②　熱中症対策推進事業	大会に向けて、夏季の大規模イベント等における熱中症のリスク把握手法等開発や観客、特に日本の夏に慣れていない海外からの旅行客等に向けた熱中症予防策の検討	97
環境省	③　オリンピック・パラリンピック暑熱環境測定事業	オリパラ主要競技会場周辺等の14地区程度を対象に気温、湿度等を実測調査するとともに、暑さ指数の推計手法を確立	58

| 環境省 | ④　東京オリンピック・パラリンピックにおけるグリーン購入促進検討 | ・大会におけるグリーン購入の実施に関する技術的支援を視野に、これまでの国内外のイベントにおけるグリーン購入の対象品目、基準等の調査を行い課題を明確化するとともに、環境ラベル及び環境関連技術等の動向を把握
・さらに、国内外イベントにおける環境配慮の取組等を参考に、プレミアム基準の考え方を活用した各種イベントにおけるグリーン購入ガイドラインを策定し、大会での活用を検討 | 14 |
| 環境省 | ⑤　2020年東京オリンピックに向けた都市圏における環境対策評価検証等事業 | 低炭素・資源循環・自然共生政策の統合的アプローチによる東京都市圏の環境対策について、ソフトからハードに至るまでのあらゆる施策の総合的な実施効果を検証するために、マクロモデルを活用して都市圏における環境対策効果をシミュレーションし、都市圏の環境対策の推進に向けた方策等を取りまとめたガイドラインを作成し、環境対策を実践する地方公共団体等の取組を支援するための調査検討事業を実施 | 279 |

●大会に向けた各種建設工事における安全確保（1事業。計144）　　　　　　　　（百万円）

| 厚生労働省 | ①　2020年東京オリンピック・パラリンピック競技大会に係る建設需要に対応した労働災害防止対策 | 大会における大会施設の整備やインフラ整備、再開発等の各種建設工事において、労働災害の増加を招くことがないよう新規入職者等の経験が浅い工事従事者への安全衛生教育や、各種建設工事現場を巡回し、安全な作業方法等について専門技術的な立場で助言指導を実施 | 144 |

●大会期間中に使用される無線局の円滑な運用の実現（1事業。計559）　　　　（百万円）

| 総務省 | ①　2020年東京オリンピック・パラリンピック競技大会に伴って開設される無線局と既存無線局の周波数共用に関する調査検討 | 大会では、海外持込みの無線機を含む多種多様な無線局の運用及びそれに伴う通信需要の激増が予想されることから、東京近郊の電波利用密集地域での周波数緩和及び無線局の混信等を避けるために、異なる無線システム間の効率的な周波数共同利用の実現に向けた技術的検討を実施 | 559 |

●ホストタウンの推進（2事業。計188）　　　　　　　　　　　　　　　　　（百万円）

| 内閣 | ①　東京オリンピック・パラリンピック推進本部経費のうちホストタウン（以下すべて推進本部経費） | ホストタウンについて、質の高い取組を全国に広げていくための調査を実施 | 44 |

内閣	②　オリパラ基本方針推進調査（ホストタウン）	オリパラ基本方針に盛り込まれた施策の推進にあたり、大会成功に向けた重点分野として、質の高いホストタウンの取組を全国に広げていくための調査を実施	144

●文化を通じた機運醸成（1事業。計812）　　　　　　　　　　　　　　　（百万円）

内閣	①　オリパラ基本方針推進調査（文化を通じた機運醸成）	オリパラ基本方針に盛り込まれた施策の推進に当たり、大会成功に向けた重点分野である文化に関する調査として試行プロジェクトを実施し、その効果と課題を分析し、全国的な横展開を図る。	812

●文化プログラムの推進（1事業。計87）　　　　　　　　　　　　　　　（百万円）

内閣	①　文化プログラム経費	日本の強みである地域性豊かで多様性に富んだ文化をいかし、成熟社会にふさわしい次世代に誇れるレガシーを作り出す文化プログラムを「beyond2020プログラム」として認証し、日本全国に展開	87

●大会を契機としたユニバーサルデザイン・心のバリアフリーの推進（3事業。計65）（百万円）

内閣	①　心のバリアフリー	大会関係者のみならず、交通、流通、外食、教育などの幅広い関係者による接遇・心のバリアフリーの理解促進のためのムーブメントづくりに係る調査を実施	11
内閣	②　ボランティアの推進	大会を契機に、障害者・高齢者等へのサポートの輪が広がる仕組みを創設すべく、先進事例の調査を実施	18
内閣	③　オリパラ基本方針推進調査（ユニバーサルデザイン）	オリパラ基本方針に盛り込まれた施策の推進に当たり、大会成功に向けた重点分野であるユニバーサルデザインに関する調査として試行プロジェクトを実施し、その効果と課題を分析し、全国的な横展開を図る。	36

● A、B両方にまたがる取組であり、その区分が困難なもの（2事業。計437）　　（百万円）

内閣	①　推進本部	東京オリンピック競技大会・東京パラリンピック競技大会推進本部の運営を行うとともに、大会の円滑な準備及び運営に関する総合調整を実施	437
内閣	②　レガシー	過去のオリンピック・パラリンピックのレガシーに係る知見を深めるとともに、基本方針の実施にいかす。	0

注・金額の単位は百万円。
資料：会計検査院「別図表1　各府省等が実施する大会の関連施策に係る事業別の支出額一覧（平成25年度〜30年度）」及び同「東京オリンピック・パラリンピック競技大会に向けた取組状況等に関する会計検査の結果について」（2019年12月、156-173頁）から抽出・作成。

　2019年12月の会計検査院報告における別表の存在が、Ａ分類における各
事業の中身と予算額について、事業ごとに紐付けられる形での理解を可能と
した。そして、Ａ分類の事業費は「関連」ではなく「直接」経費であるの
は明白である。これらの事業費を関連経費と見なす国（内閣官房大会推進本部）
の姿勢が問われなければならない。

　総経費は、開催に直結する「大会経費」と道路整備などの「大会関連経
費」に分けられるとした上で、関連経費かどうか、国と会計検査院との間で
見解が分かれているものもあるとして、水素社会実現に向けた燃料電池産業
車両の導入補助や、地域の農産物や食文化を映像化して海外に発信する取り
組みの支援などを指摘する声もある[25]。

　しかし、大会経費をめぐる問題の本質は、関連経費をどこで線引きするか
という点にはない。上記二つの表から明らかなように、直接経費に算入すべ
きＡ分類の諸事業費を、組織委・国が関連経費扱いとしている（せざるを得
ない）点にこそ、説明責任をめぐる重大な瑕疵が存在するのである。

6　三者結合体による詐称行為

　本稿ではIOC、国、大会組織委員会（組織委）、東京都（都）との間のトッ
プダウン型の相互連結性を把握した上で、札幌へのマラソン会場変更におい
て、IOCと国・組織委の結合体（連結体）が、その意思を一方的に都に押し
つける形での片務的な調整・統治行為（「合意なき決定」）を明らかにした。ま
た、東京五輪における国負担の経費をめぐり、とくに会計検査院による指摘
内容と国（政府。具体的には内閣官房大会推進本部）の説明内容との乖離の中身に
ついて、統治における説明責任という側面から、「直接」経費と「関連」経
費の捉え方に焦点を当てて記述してきた。

　二つの事例には、その性格に違いはあるものの、都を除くIOC・国・組

25　2019年12月8日付毎日新聞「さらなる肥大化が心配だ」。

織委の三者の結合体が主役を演じたという点で共通する。

（1）「アスリートファースト」という詐称行為

マラソン会場の変更について、国・組織委に入った IOC の意向伝達と都への連絡には 1 週間ものタイムラグが設けられた。都にはすぐには知らせないとの意思決定が上記の三者結合体においてどのようになされたのかは不明である。三者の間で当初は見解の相違があったかもしれない。しかし、いずれにしても三者結合体は、都への伝達を戦略的に遅らせた。おそらく、都知事がテレビなどのマスコミ媒体を通じて、都民世論へ訴える時間を与えたくなかったのだと思われる。世論が札幌へのマラソン移転に難色を示し、これまでに要した経費の無駄、真夏に開催すること自体への批判、ひいてはIOC の責任問題への波及を恐れたのではないだろうか。

しかしそうだとしても、スポーツを通じた世界平和や諸国間の協調、貧富の格差解消、人々の国境を超えた交流、公正でフェアな透明性のある組織運営、スポーツマンシップの尊重、SDGs などを掲げる IOC が、開催都市の意向を排除し不意打ちのような形で、事業変更を押し通したことになる。たとえ五輪憲章や開催契約上、決定権は IOC にあるとしても、その手続きや進め方に大きな瑕疵を残してしまった。

本来であれば、IOC はドーハでの世界選手権におけるマラソン・競歩での棄権者続出を受け、まずは国・組織委・都に謝罪した上で、競技実施を 8カ月後に控えた大詰めの時期だからこそ、これまでの都の遮熱対応やミストシャワー、樹木を利用した日陰スペースの設定などの努力に敬意を払うべきであった。都や招致委に招致過程で「この時期（7 月24日～8 月 9 日）の天候は温暖であるため、アスリートが最高の状態でパフォーマンスを発揮できる理想的な気候」と記載させたことについても、IOC が夏季大会の期間を大枠で固めていたことについても、そもそもマラソンや競歩などにとってはこの時期の競技実施は無理筋であることを謝罪すべきであった。国際・国内の陸上競技連盟への丁寧な説明も不可欠であったはずだ。

その上で、都知事に対して、とくに都民への説明に時間を割く時間を与え

るべきであった。たとえIOCと都との見解の違いや摩擦が顕在化したとしても、オープンかつ透明な調整の時間とプロセスを敢えて確保するべきであった。そうであれば、最終的にはIOCが五輪憲章と契約を根拠に決定権を行使し、「合意なき決定」に至ったとしても、三者結合体と都との間の溝は深いものにはならなかったはずである。世論に信頼を置かないIOCが世論から信頼を得ることはあり得ない。

　一連の経緯においてIOCには、とくにスポーツにおいて近年強調されるようになった相手に対するリスペクト、スポーツを支えるフェアプレー、さらには公正の精神が欠けていた。さらに、北半球での猛暑時期の夏季大会の開催を見直す必要があるのでは、という都知事からの問いかけに対して、IOC調整委員長は正面から答えず、五輪開催時期をめぐる根幹的に重要な議論の機会を自ら回避したことになる。

　会場変更は、IOCの汚点ではなく英断として後世において評価される可能性すらある。しかし一方で、IOCをコアとする三者結合体は、ある種の詐称行為を働いたことになる。ここでいうところの詐称とは、自らが被ることになるかもしれない責任を回避するために、「アスリートファースト」という誰も反対できないドグマ（教義）的なキーワードを前面に掲げ、論理をすり替え、しかも会場変更を決定事項として都との議論を意図的に避けた行為を指す。動態的・浮動的であり、臨機応変の短期間での変容であり、IOCが自ら設定した足かせ（夏季開催）を自らのご都合主義によって、しかも上位下達式に変えたのである（動態的詐称行為）。

（2）「国負担1500億円」という詐称行為

　もう一つの事例である国負担の大会経費について、2019年12月の会計検査院報告における別表では、その前年（2018年10月）の会計検査院報告に対して、内閣官房大会推進本部がA、B、Cの3種類のどれに該当するとしたかが、一覧表の事業ごとに割り振られている。ここで論点となるのはA分類に該当する事業についてである。表3にあるように、文科省所管の事業はいずれも明らかに直接経費である。ところが、国はあたかもこれを関連経費で

あるかのように見せかけている。国負担の直接経費はあくまでも1500億円（新国立競技場整備費1200億円、パラリンピック経費300億円）となっている。パラリンピック経費を除けば、国はハード面のみの直接経費を提示し、ソフト面の直接経費は関連経費に組み入れることで、表（オモテ）に出さなかったことになる。

　国負担の直接経費は実際どのくらいの額に達するのか。決算ベースか予算ベースかの違いや、会計検査院報告が対象とした支出年度（2018年報告の場合は対象年度が2013〜17年度の支出、2019年報告の場合は2013〜18年度）と、国が報告した経費の対象年度、2019年12月の最終的な大会予算経費の発表、ひいては100億円に迫るといわれるマラソン札幌移転に掛かる経費の未算出など、対象項目間の整合性を図ることができないがゆえ、精緻な算出はできないものの、以下、国負担の直接経費額を追うこととする。

　まず、2017年末発表時点で国がいうところの直接経費1500億円のうち、2019年1月29日発表時点において、パラリンピック経費300億円は、そのまま国がいうところの関連経費（2013〜19年度予算）に組み込まれている。また、新国立競技場整備費については大会経費1200億円のうち、983億円がスポーツくじ財源などから充当するとされており、残りの517億円が関連経費（2013〜19年度予算）に組み込まれている。つまり、817億円（300億円＋517億円）が、国がいうところの関連経費に組み込まれているのである。上記対象年度の関連経費の合計は2197億円であるから、この額から817億円を引いた1380億円が、国がいうところの関連経費となる。

　2018年10月に会計検査院が指摘した大会関連経費8011億円（2013〜17年度決算ベース）のうち、内閣官房大会推進本部が異例の早さで応答した3分類において、A分類「大会の準備運営に特に資する事業」とされたのが1725億円であり、このうち1380億円（内訳は競技力の向上1010億円、セキュリティ214億円、その他156億円）が、本来は直接経費であるものの、国がいうところの国負担の関連経費となる[26]。

　先述したように、A分類は直接経費と見なすのが妥当であるのは明白で

ある。したがって、本来、この1380億円と1500億円を足した2880億円が国負担の直接経費として提示されなければならないはすである。

2019年12月の会計検査院報告の別表（対象年度は2013～18年度の支出額）からも、国負担の大会直接経費へのアプローチを試みたい。表3にあるように、文科省所管の国の直接経費（A分類）とみなされる支出額の合計は1193億円（千万円単位四捨五入）である。また、表4の文科省以外の他府省庁等の直接経費（A分類）の合計は39億円（千万円単位四捨五入）であるので、直接経費の合計は1232億円となる。

この1232億円には新国立競技場の整備費を含めていないので、この中に国負担のパラリンピック経費300億円が含まれていると見なした場合、1232億円から300億円を引く必要があり、その額は932億円となる。この932億円に国がいうところの新国立競技場整備費1200億円を足した2132億円が国負担の直接経費となる。

先述したように、国は最終段階でも国負担の大会経費を1500億円と提示し、そのうち、新国立競技場（恒久施設）の整備が1200億円、パラリンピック経費が300億円となっており、当初から修正はされていない。

新聞報道にもとづくアプローチ（2880億円）と会計検査院報告別表にもとづくアプローチ（2132億円）とで、国負担の直接経費額の推定額に差が生じたのは、予算ベースか決算ベースかの違い、対象年度の範囲の違い、さらには予算額と決算額とを区分けできずに議論の俎上に載せたことによる整合性のずれが要因だと思われる。

以上のことから、最も問題視すべきなのは、関連経費をめぐる会計検査院と国との捉え方の違いでもなければ、会計検査院が関連経費を過大に見積もっている、あるいは国が関連経費を過小に見積もっているとの見方でもない。さらには、直接経費と関連経費をどこで線引きするのか、また、関連経

26　2019年1月29日付毎日新聞電子版「政府、五輪関連予算は2197億円と発表」における図「国の東京五輪・パラリンピックの関連経費の比較」にもとづく（2020年1月現在）。
https://mainichi.jp/articles/20190129/k00/00m/040/213000c

費の線引きをどこに設定するのかといった解を見いだすのが難しい論点でも
ない。適切な関連経費の捉え方を議論したところで、国と会計検査院との大
会経費をめぐる捉え方の溝は今後も埋まらないであろう。

　国が本来、ソフト面における国負担の直接経費として組み入れるべき経費
を、IOC からの経費抑制・削減の圧力の下、説明もなしに始めからはずし
た形で見せかけ続けている点にこそ、すなわち、説明責任における IOC・
組織委・国の三者結合体の統治のこうした実相にこそ、問題の本質があるの
ではないだろうか。その意味で、IOC・組織委・国の三者結合体は、国負担
分の大会経費をめぐる説明において、大会関連経費の線引きは困難との論理
のすり替えを自らへの援護射撃としつ、経費の額を詐称する行為を貫いてい
ることになる。

　この種の詐称行為は、マラソン会場変更とは異なる特性があるように思わ
れる。すなわち、動態的な詐称行為とは異なり、始めから結論ありきの静態
的、固定的、硬直的、さらには岩盤的な大前提としての詐称行為である（静
態的詐称行為）。また、前者の会場変更とは異なり、国の財源規模が極めて大
きいがゆえに、本来であれば納税者である国民により丁寧に説明すべき行為
を放棄する詐称行為である。IOC・組織委・国の三者結合体は説明責任を回
避し、関連経費をカムフラージュとして用いながら、敢えて透明性から背を
向ける誤謬を犯し続けている。

著者紹介

中 村 祐 司（なかむら　ゆうじ）

1961年　神奈川県生まれ
1987年　早稲田大学大学院政治学研究科修士課程修了
1991年　早稲田大学大学院政治学研究科博士課程満期退学
2003年　博士（政治学、早稲田大学）
同　年　宇都宮大学国際学部・大学院国際学研究科教授
2016年　宇都宮大学地域デザイン科学部教授（現在に至る）
　　　　専攻　地方自治・行政学

単　著

『スポーツの行政学』（成文堂、2006年）
『“とちぎ発”地域社会を見るポイント100』（下野新聞新書 2、
　2007年）
『スポーツと震災復興』（成文堂、2016年）
『政策を見抜く10のポイント』（成文堂、2016年）
『危機と地方自治』（成文堂、2016年）
『2020年東京オリンピックの研究』（成文堂、2018年）

2020年東京オリンピックを問う
　　―自治の終焉、統治の歪み―

2020年 6 月 1 日　初版第 1 刷発行

著　者　中　村　祐　司
発 行 者　阿　部　成　一

〒162-0041　東京都新宿区早稲田鶴巻町514番地
発 行 所　　　株式会社　成　文　堂
電話 03(3203)9201　Fax 03(3203)9206
http://www.seibundoh.co.jp

製版・印刷　藤原印刷　　　　　　　製本　弘伸製本
©2020　Y. Nakamura　　　　Printed in Japan
☆落丁・乱丁本はおとりかえいたします☆
ISBN978-4-7923-3397-3　C3031　　　　検印省略

定価（本体2,500円＋税）